環走島嶼 遇見你

台北淡水

環走島嶼 遇見你

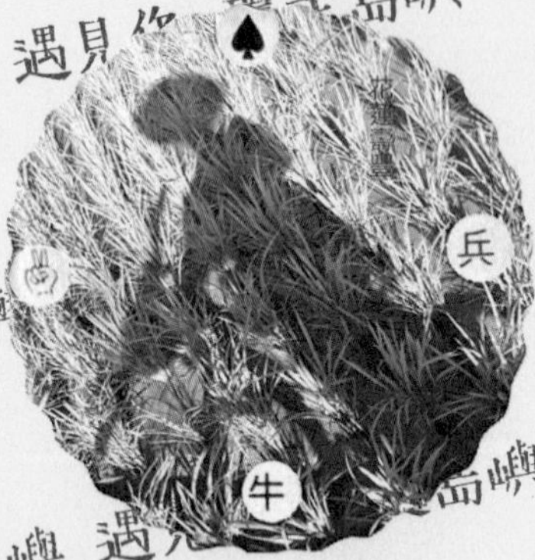

環走島嶼 遇見你
嘉義新港
雞蛋糕
嘉義新港
高雄旗山
台北金山
海草咖啡
三義・木雕師傅

見你 環走島嶼

遇見你 環走島嶼 遇見你 環走島嶼 遇見你 環走島嶼 遇見你 環走島

遇見你 環走島嶼 遇見你 環走島嶼 遇見你 環走島嶼 遇見你 環走島

嶼 遇見你 環走島嶼 遇見你 環走島嶼 遇見你 環走島嶼 遇見你 環走

嶼 遇見你 環走島嶼 遇見你 環走島嶼 遇見你 環走島嶼 遇見你 環

島嶼 遇見你 環走島嶼 遇見你 環走島嶼 遇見你 環走島嶼 遇見你

走島嶼 遇見你 環走島嶼 遇見你 環走島嶼 遇見你 環走島嶼 遇見你

環走島嶼 遇見你 環走島嶼 遇見你 環走島嶼 遇見你 環走島嶼 遇見

環走島嶼 遇見你 環走島嶼 遇見你 環走島嶼 遇見你 環走島嶼 遇

環走島嶼 遇見你 環走島嶼 遇見你 環走島嶼 遇見你 環走島嶼 遇

環走島嶼 遇見你 環走島嶼 遇見你 環走島嶼

環走島嶼遇見你

——21歲女孩的草根見學記

戴瑜萱 著

推薦序 1

故事就在現場，召喚我們出發

洪震宇
（作家、小旅行推動者）

先說一個故事。

我曾經搭機到台東，從機場招計程車趕往池上演講。車上跟這個面容黝黑、大約五十多歲的胡姓司機有一搭沒一搭閒聊，司機問我，何時要回來，他要不要再到池上接我？

我心想，他還要回機場排班，就不麻煩了。胡大哥說，他住在鹿野，離池上很近，可以回家休息等我。「住鹿野？」我念頭一動，「你是客家人嗎？」他說是。

東部的客家人幾乎都是輾轉從西部遷來，我又問，「何時搬來鹿野？」

胡大哥說他父親年輕時從屏東萬丹移民到鹿野，「噢，萬丹啊，這麼遠的地方，為什麼？」我直覺必有精采故事。

胡大哥說，日治時期，父親跟叔叔被日本徵召到高雄港，一開始不知道要做什麼，直到上了船，才知道是要開往南洋打仗。面對不知是生是死的茫然未來，兩人商量一下，立刻決定跳船，他們趁船還沒駛離高雄港太遠，縱身一躍跳入海中，躲過日本兵追擊，游上岸，沿著海岸線往南行。

他們不知道要去何方，又不能回家，就一直沿海而行，餓了就啃地瓜與玉米，他們繞過璽丁之後北上，竟然就這麼走到台東鹿野，發現這裡有山有平原，可以開墾，也能躲藏追查，決定在此落腳。後來聽說花蓮富里有一戶人家在招贅，父親又到富里入贅娶妻，沒想到寄人籬下飽受屈辱，結婚沒幾天，他又悔婚逃回鹿野，在此種鳳梨安身立命。

「從日治時代開始，我們鹿野就窩藏各種逃犯喔，一有風吹草動，就躲在山裡。」胡大哥很得意。

短短不到一小時的車程，我聽到了一個為求生存，不惜跳船、長途跋涉逃命的故事。這也是台灣的縮影。這樣的故事、甚至許多很會說故事的人，深藏在島嶼城鄉各個角落裡，只是在高速的現代化列車中，被掩藏與忽略了。

德國思想家班雅明（Walter Benjamin）在《說故事的人》中說，最古老的兩種說故事的人，一種是扎根在土地上的農民、另外是四處漂泊的水手或商人，他們都用語言傳承最寶貴的生活與生命經驗。

小小台灣，有各種族群，因為各種原因，從四面八方移民來此，又因為生存的緣故，在島內四處遊走移動。他們像世代傳承的農民，又有漂泊的水手性格，只是這些如珍珠的故事散落在島嶼各角落，隱藏在日常生活中，需要細細淘洗研磨，才能綻放光彩。

《環走島嶼遇見你》，一個才二十一歲的女大學生，像班雅明筆下四處晃蕩的漫遊者，透過有目的的採集故事，無目的的環島遊走，記錄島嶼上平凡人物的生命經驗，描繪出一個人物，背後就是一個家族，一個地方，一個時代的不凡故事。

瑜萱筆下二十五個台灣小人物的故事，看似散漫，卻也少了刻意的機心，從一個年輕女生的角度，將許多看似理所當然的事情，經過細細挖掘，呈現出精采有趣的多層次面向。

印象最深是她在桃園大溪認識了一個復育、販賣台灣犬的中年人，這位大哥因為長年在部落販售香菇菌種，發現許多忠心耿耿、體型不高大的台灣犬，開始他二十多年復育台灣犬的生涯。

他向各地的原住民耆老請益，關於台灣犬的所有知識，眼神、表情、個性、反應、動作，以及細膩的育狗經。

這段故事有如田野調查，爬梳台灣犬的身世與時代故事，像是一個「活的」歷史文物，更有一種哲學意涵，因為台灣犬的定義，到底是外在皮相，還是內在個性？原住民對於這些忠心夥伴，看重的是個性而非外形。而且要野生放養、自由亂跑，才能培養出具備極高觀察力與聰慧腦袋的台灣犬。

透過瑜萱的筆，讓我們看到一個個小人物的故事，看到島嶼的堅韌生命，彷彿也看到我們自己。

班雅明說，真正的漫遊者是集偵探的敏銳、詩人的善感、哲學家的深邃於一身。瑜萱就像一個內心澎湃、外表溫馴的家犬，透過這趟環島冒險，變成一頭精悍聰慧，像偵探、詩人、又是哲學家的台灣犬。

離開熟悉的城市，才會看到多面向的台灣，故事就在現場，召喚我們出發。

推薦序 2

自在自信，見識人生好風景

詹怡宜
（TVBS《一步一腳印發現新台灣》節目製作主持人）

這是一份很棒的企劃，也是一本好看的分享。

我肯定自己二十一歲時是沒有這種能力的。即使又過了好多年，成為記者開始採訪，若不是手拿麥克風掩飾尷尬，恐怕也不見得有勇氣走向陌生人索討人生故事。所以看完這本浪漫環島企劃的青春採訪記事，覺得好羨慕她。

首先，羨慕瑜萱的自在。除了開口採訪外，筆觸輕鬆又言之有物，一定來自足夠的自信，這樣的性格不容易。還記得自己年輕時，怕被人看穿淺薄，不敢發問不敢發言，錯失了好多提前見識人生風景的機會。

更佩服她的意志力。

我認為瑜萱自己說得沒錯，「能夠一路支撐下去，最重要的就是堅毅的意志力。」這年頭在職場上看到太多有夢想有抱負、也有創意和規劃力的年輕人，但最後卻因為種種說服得了自己的理由，沒能把一件事完成。我真的相信，能夠獨自完成這項環島任務、寫出一篇篇觀察手記，而且竟沒有替自己找到不能完成它的藉口，這太厲害了。

其實，我也羨慕她運氣還不錯。老派的我如果當時認識她，可能也會對她說，這樣危險捏！

自序

還好我遇見了你

這是一個以身為台灣女兒而為傲的小島民，在成年與未成年、青黃不接的轉換年紀時，所發生的故事。這名出生在屏東、卻二十多年都在台北長大的島民，天天過著的生活，就是起床、搭捷運去上課、和同學哈啦、搭捷運回家、睡覺。日復一日重複進行的模式，隨著年紀漸長，她開始發現，奇怪，自己的反社會化人格，怎麼有越來越嚴重的感覺？

一直都在同樣的生活圈過活，就算出去玩，也只是像死抓著從小成長的地方，在身邊當護身符一般，凝視的方式永遠千篇一律，看到的東西，總以她想要的樣貌出現，然後進行重複不變的對話。旅行，只是換了個地方，並沒有帶給她不同的視野，反而讓她看事情的角度越來越狹窄，眼見著就要變成這名島民心中最厭惡模樣的原型。

於是，二〇一二年，大三暑假的前夕，她開始有了出走的念頭，想要獨自一人出去走上一圈，看看台灣這個小島上，和自己一樣同為島民的人們，他們過的是怎麼樣一種生活？又擁有甚麼樣的夢想？畢竟，島國人民的特權，就是可以環島，而這樣一件小人物在尷尬年紀出走，希望透過認識和自己截然不同的生活方式，讓陷入某種人生困境的自己有所突破，有所成長的小事，或許也可以被賦予其他意義。

一九二〇至一九四〇年代，英國曾有一個大規模的群眾見證運動（Mass Observation），以各種記錄方式，留下了那個年代，英國大眾文化與日常生活的樣貌，那麼，台灣呢？她想，如果，生活方式就是故事的定義成立，那在這趟為自己找尋方向的旅程中，她是否也能夠透過自己的眼睛看、耳朵聽，為自己所生存的台灣勾勒出一個獨一無二的樣貌呢？而這個既徬徨又充滿野心的島民，就是我。

台灣不好玩？

身為一個以找尋台灣私房景點、吃私家小菜為人生一大樂事的地理系學生，仍不得不承認——台灣不好玩。雖然，台灣的地形多元，造就了豐富而多樣的景觀，可謂麻雀雖小五臟俱全，要雄壯氣勢、要溫柔婉約都摸得到邊，但都不是傲視群倫、天下無雙的。台灣的山不比別人高，水也不比別人深，那麼台灣到底有甚麼獨一無二的特質？

出走之前，左思右想，腦筋打結了數個禮拜以後，我心中得到的答案是：人。我以為，住在台灣島上的這群人，他們抉擇、他們定奪未來的方向，決定了台灣的面貌，最重要的是，他們永遠樂觀且永不放棄，小小島嶼卻生長著這麼一群勇敢的人，島國如何不遼闊？而這群人，就是台灣最美且獨一無二的風景。於是用自己樸拙、不曾受過文學訓練的文字，記錄行旅中偶遇福爾摩沙子民的模樣，分享他們的生命經驗，他們的真實想法、情感際遇，成了我這趟出走最重要的任務。

而在真正走出家門，開始我的人生出走後，這些老實說，有些自傲到不要臉的想法，只有更加堅定而從未受到質疑。台灣擁有極為特殊的歷史地理背景，兼為移民、殖民、遺民之島，其歷史記憶和原鄉經驗，向來揉雜了許多迷魅，從來都不是一目了然的純粹，而是渾沌不清的曖昧，生活在這個島上的人民，總得經歷不斷的外來衝擊，和對於自我身分的質疑，但在這一路上偶遇到的人，不論甚麼族群、哪些職業、多大年紀、來自何方，我總覺得，他們個個都是台灣小民旺盛生命力的象徵，代表著看不見摸不著的力量，勾勒出一個婆娑之洋、美麗之島的輪廓。

小到在世界地圖上幾乎看不到的島嶼，因為居住其上的生命，而有無限大的未來和可能，不過就是柴米油鹽醬醋茶構成的一個整體，但從這些瑣碎的日常生活，卻可以看到一個個的人生剪影，都有著不一樣的生活和夢想。小民的軟實力，讓我理解到生活在台灣島上的人們彼此之間是多麼相似，大家都以身為台灣人為傲、都擁有夢想、而且，從不放棄希望。

面對未知的旅程，是旅行最大的樂趣，但我以前的旅行，卻似乎只是一種預設好的驗證。這次出走，我透過步行或腳踏車，進入了許多從沒到過、完全陌生的空間，經歷許多未經篩選的情境，希望能看見島嶼上不同地方的人們真實的生活剪影。旅程中，沒有任何旅遊景點的參訪，每天晚上就拿出塞在十幾公斤重的黑色大包包裡的兩本地圖來看看，憑心情、或是看哪個地名念來好聽，隔天就去那兒轉上幾圈。沒有任何目的，完全放空原先生活中的「有所圖」，就看當天，會遇上哪些陌生人，這樣的旅行，其實是很讓人期待的，每天都有新鮮事會闖入我的生命中。

跟著感覺走

透過這樣的漫遊，我對任何一個地方的印象，都是建立在或許一個下午的隨意亂晃之上，而這大概也是最符合我天性的旅行方式吧，雖然地理系給人的第一印象，應該就是一輩子沒迷過路（可是，我們仍是有迷路權的）、看地圖像呼吸一樣容易（並沒有），但這些特質在我身上大概都找不到。我辨識方位的方法，從來沒在記那條路名，到底是叫做忠孝、仁愛、信義、和平，還是中央、中正、中山、中興，而是一種隨緣隨便，無法言傳的直覺組合，但我想，這樣也好，畢竟，台灣島上最美、最值得參訪的景點就是人，而這些人可是全台灣到處都有，隨著感覺走，能遇到的，可能是更有趣的事，寄望於空白的偶然，或許比周延完整的計畫，更能碰上特別的人呢。

這本書故事中的主角，全是我為期一個半月的旅程中，獨自一人全台灣趴趴走時，偶然遇到的台灣人，有些在鄉間路旁遇到了，因為一個彼此友善的笑容，而打開了話匣子；有些是我大街小巷漫無目標的亂走時，或因為躲個及時雨、或因為被食物香味吸引、或因為對方手上在做的東西很吸睛、或因為我迷路快哭了而來救人，而與我產生了緣分的台灣人。

其實，從小到大，我都不是一個很放得開的人，完全信奉沉默是金的至理名言，沒想到在這趟想要有所改變的行旅中，人與人居然可以因為一個眼神的交流，就馬上建立起一道通向雙方內心的橋樑。當對方明白你沒有惡意，只有對他的生命故事滿腦子的好奇後，就會完全敞開心房，將滿肚子的心裡話，都說給你聽。或許這樣的對話，也只有在放慢腳步，東摸西看、西碰東瞧之後，才有機會產生吧。

緣，是成為圓的偶然，他們願意花時間與我這個小鬼聊天，還是一個第一次見面，就要求人家說出自己人生故事、不知天高地厚的小鬼。這一路走下來，有些人一開始會尷尬的笑著說，我哪有甚麼故事啊！有些人則是哼哼著說道，我的故事啊，三天三夜都說不完！問到後來，我逐漸發現，一個人的故事，其中的深度與厚度，似乎不是我最短兩三個小時、最長一整天這樣短短的時間內，就可以全部被我問出來的，除此之外，觀看、言語、文字不同意義載體間的轉換，都有著深深的鴻溝。因此，我希望描述出來的故事，至少，要能夠說出這一個我遇到的人，他生命中的經歷、生活的方式、對每一階段時期人生的感受，以及最重要的，他的夢想是甚麼，或許，還有一些他帶給我的感受。

行旅中涵蓋的範圍太廣，又是每一個人的生命故事，主題真是沒有止盡，我也希望，能夠藉由每個故事，刻劃出一個個小地域、小時空的累積，將其中種種的生活感覺，昇華成整個島國的集體生活方式，以及其集體心事的建構。

我想，每個人心中，總有一些別人覺得很蠢、但自己卻覺得超有意義的夢想，那麼，為甚麼不在最年少輕狂的時候，去把這個幼稚的想法付諸實現？畢竟，熱情最不虞匱乏的年紀，就是這短短的幾十年青春歲月，而這種神奇的可燃物，雖然燒得很快，但卻可以讓人不在乎一切世俗的標準，為自己的理想而生，以自己的想法而活。

還好你遇見我

妳實在真好膽揑，台北小姐！這是我在這次旅行中最常聽到的一句話，其他還有許多說也說不完的變化型，諸如，你這樣很危險耶！還好你是遇到我！你這樣太獨立了吧！妳爸媽很放心妳耶！這樣不好啦！還是找個伴比較好！

這些台灣人特有的話，雖然語帶責罵，但聽了還是覺得相當溫暖，不過仔細思考他們的擔心，若因為害怕危險，就不願意走出去，就和害怕食物中毒，而決定不吃飯一樣本末倒置，其實，心中的恐懼與懷疑，都不是最大的阻礙，最大的高牆，是失去相信的能力。這個世界上，確實有壞人，但常常被忽略的是，這個世界上的好人，還是比壞人多上許多，只要小心謹慎，我相信我遇見的人，都是非常好的、努力過著自己生活的人。更何況，這趟旅行若不是只有我一個人，絕對會失去在這趟出走中，好不容易找到的東西，那個在行旅中無時無刻，透過內在與外在風景對話後產生出來的物質。

若不是一個人，我就不會有認真面對那個赤裸自己的機會，不會有面對那個將自己埋起來不願見到真實的時刻。那是個怎麼樣的東西我說不出來；「它」是何時出現的我也講不清楚，或許是一種不同的價值觀、或許是一種看事情的方法、或許是一種對我過去某些無謂堅持的質疑，我不知道，但至少我知道，透過認識了其他台灣小民的生活態度，理解了與我截然不同的生活方式，自己變得有些不一樣了，而這樣的不一樣，是我樂於接受的，我猜，這大概是一種找到新的「我」的過程吧！

故事啊故事，島國之上的故事數也數不清，而這些個故事，是我將台灣走上一圈時，台灣小民用口述的方式，說與我聽的生命歷程，至今回想起來，他們說話的用字遣詞、臉上豐富的表情，依然在我心中不斷重播，或許，他們的部分靈魂，已經透過了那短短幾小時的互動中暗渡陳倉，成為我心靈拼圖中的一些小塊了吧。我將這些與我談過話的人，都留下了連絡方式與地址，在之後把文章、照片和祝福，整理寄給他們，然後透過這本書，傳達出一些我對於台灣的想法，從這些故事，體現出住在這個島嶼上的每一個平凡的人，包括我自己在內，都有屬於自己獨一無二的人生、都有值得讓人敬佩的地方，讓活在同一塊土地上的我們可以相互扶持的繼續走下去。

出發吧！
環走島嶼 遇見你

環走島嶼遇見你——21歲女孩的草根見學記

目錄

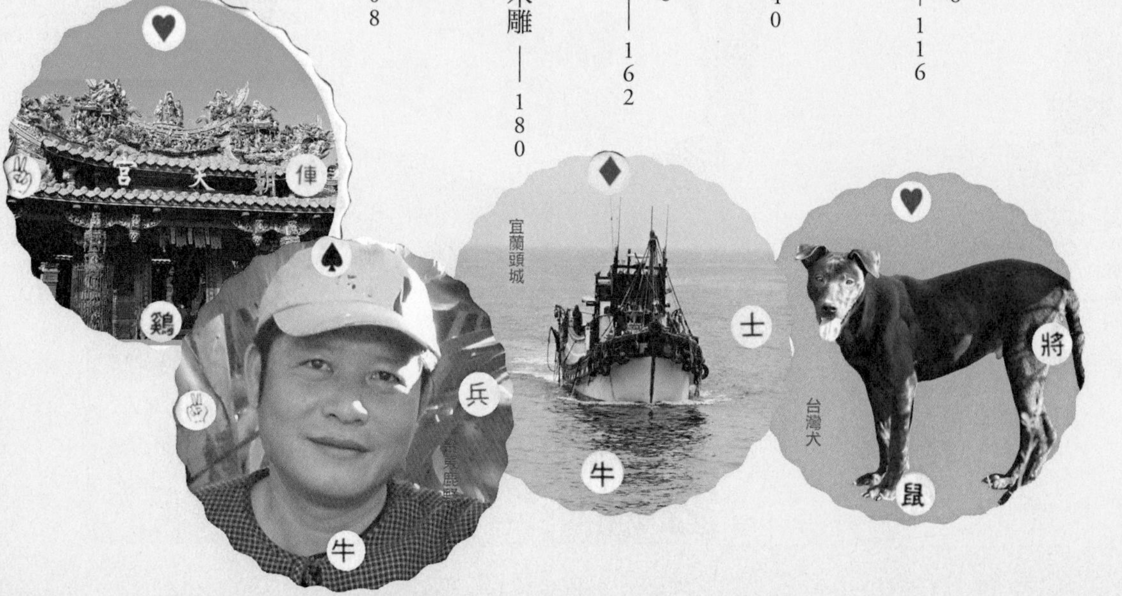
俥
鶏
兵
牛
宜蘭頭城
士
牛
將
台灣犬
鼠

你知道屁股下坐的是甚麼嗎？
是阿公家祖傳的百年板凳啦！

台北淡水●山居老農

在河之濱。九十五年行腳

山啊水啊風啊雨啊……
就是我的種田人生！
阿公的眼球裡有淡水河的倒影……

這位阿公是我的第一位受訪者，那時我還沒有開始「真正」的旅行，只是背了個一背上去脊椎馬上往後仰的超重背包，在家附近走走，訓練自己的體力，結果就遇上了阿公。我問他說，你年輕時有甚麼夢想嗎？他絲毫沒有考慮、立刻就說，沒有。我又問，那你對自己的種田人生，有沒有甚麼獨到的見解或是感想？我才剛把嘴巴閉起來，他又瞬間堵住了我的嘴，就像在玩快問快答遊戲一般，說了，沒有，搞得我一陣氣結。

還記得，那是個風雨欲來的颱風天前夕，此颱已在台灣島周遭留連往返數日，島國盡是一片溼與濕與蝨的世界，因雨而溼，因溼而風濕，而人的髮梢，也像突然長出了蝨子般，讓像濫戀情一般請神容易送神難的颱風恐慌，啃嚙著島上幾千萬人的頭皮。為了躲避種種颱風天限定的恐慌氣氛，我的行前體力訓練，選擇往淡水的小山丘方向走去，大屯火山群的堅硬岩層使土石流根本流不下來，山中人又少，微雨的空氣溼潤清新，我越走越朝山裡去。

建築學理論認為，抵達某空間的方式，會強烈影響人對之的感覺，而由捷運站抵達他家的方式，彷彿另一條通道的打開，彷彿進入一場深遠，且充滿各種綠色調渲染的夢。小徑帶我離開了一個灰濛濛的水泥叢林，漸漸向上，不同深淺的綠，慢慢的從兩旁躡步而出，颱風，在這裡似乎也溫柔許多，滴滴答答的雨水好像家教優良的禮貌小孩，安靜的落在小溪中、沃土裡，深吸一口氣，有種用鼻子喝水的錯覺，是一種容易遇見神仙的天氣，而且還真給我遇見了。

第一眼看見的他，身著一襲灰色的中山裝、黑色練功褲，有著一張空白的臉孔，細看他的眼球，可以看到淡水河的倒影，像一尊看遍淡水河塵世變幻的石刻佛，以一種不動如山的姿態，端正周整的坐在自家門口。我走到他身旁坐下，他瞟了我一眼，又繼續水平的盯著眼前的山河，彷彿我只是隻閒晃到他神壇前，無聊打盹的小貓小狗，當我開口說話，他才嚇了一跳的動了下身體，當下簡直有「哇！神明顯靈」之感。

今年九十五歲的他，近百年的歲月裡，從未離開過，看不到觀音山和淡水河的地方，雖然是家裡最小的么子，但母親在他三歲時就過世，他從來沒體會到，甚麼叫做有媽的孩子像個寶的至理名言；雖然家裡有整座山頭的地，但仍是窮到人人都得在家幫忙種田。他可惜的說，其實一直很想嘗嘗上課的滋味，但一直苦無機會，導致他一輩子都是個 qing ming ei gao（瞎眼啞巴，指不會讀寫日語和北京話）。

他一輩子，都是個勤勞肯幹的農夫，空心菜、地瓜葉、紅鳳菜、桃子、芭樂、蓮花、絲瓜、南瓜、地瓜、竹筍，甚麼都種。一雙腳就是全世界最具包覆性的鞋子，一雙手能照顧出無數欣欣向榮的植物，雖不擅言詞但特別會做事，除此之外，特愛抽菸。他是個山裡人，左鄰右舍就那幾戶人家，農作物的產銷，全都得自己一手包辦，他記得，以前這裡的人，包括他，都會走著山中鋪滿小碎石的小徑，兩肩挑著滿滿的農產，淅淅唰唰走一個多小時，到淡水賣青菜竹筍，或是走兩個多小時，去艋舺賣芭樂桃子。他認真的說，那時候，艋舺的商店沒一家賣水果，挑去那賣的芭樂，總是瞬間就被搶購一空。我問他，那時候該有公車、火車或船了吧？你怎麼不搭個交通工具呀？他哼了一聲，一臉「少看不起我體力」的表情，臭屁的說，我用走的比較快啦！

雖然是住在山裡頭的人家，但他的「獵食範圍」超大，可從草山蔓延到河畔，除了自己種的農作物可以拿來吃，利用種菜、挑菜去賣等等農忙以外的閒暇時間，到山裡頭放陷阱抓果子貍是一餐，拿支自製魚叉往河裡頭亂戳也可飽餐一頓，窮到不行的年代，為了養家餬口，地上爬的天上飛的，全都可以吃，吃不完還可以拿去賣，一隻果子狸，可是可以賣到兩三千塊的寶貝呢！

他說，以前的生活，苦是苦，但說真的比起現在，更有生活樂趣，他年輕時的淡水河，和現在可是有著天壤之別，大家的生活，與河川是緊密相連，捕魚、運載貨物、交通往來都靠這條河，那時的河中央還有個大沙洲，要去對岸八里，除非走一些退潮時才會出露的土橋，否則總要先搭船到沙洲上，走個二十分鐘橫越沙洲，到另一側換船才到得了八里。而那個沙洲上，不但有住人還可以種菜呢。他回憶無限的說著，現在山裡面的動物遠比以前少、河裡面汙染嚴重誰敢吃魚，而且以前站在自家就能望見的完整山河，現在被一棟棟高樓大廈擋住了部分，變成了「斷面景觀」，他說，那叫做進步，但說進步兩字時，我怎麼聽怎麼都覺得，那裡頭，諷刺的意味相當濃厚。

雖然住的地方相當偏僻，但無法避免的是，不同統治者管理台灣時，仍是會對他在河之畔的平靜生活，造成大小不一的影響。他的人生有二十八年，活在日本殖民時期，他記得，日本警察很兇又嚴格，總會來山上管東管西，但基本上還是一些合理的要求，像是要求地方居民輪流守夜值班，或要農人們提供糧草，給當時積極南進東南亞，和之後打太平洋戰爭的軍隊。他從不會跟那些警察說話，就算是閒話家常也不曾，他說，那些警察翻臉如翻書，經常莫名其妙就變臉，他才沒傻到要去惹禍上身咧。

隨著台灣歷史演進到日本戰敗，國民政府來台，他這個跟著大時代一起前進的人，卻沒甚麼特殊的感覺，他總覺得誰統治台灣，還不都一樣，他照樣過他的種田生活、照樣吃飯睡覺。我說，阿公你是不是政治冷感啊？不過他沒理我。有趣的是，他對中華民國政府所作所為印象最深刻的，竟然是關渡大橋的興建，說起開幕典禮，話不多的他，突然滔滔不絕起來。他說，那一天，附近居民老早都接到消息，要去竹圍那邊集合，真的是人山人海，他也跟著跑去湊熱鬧，隨著人潮慢慢走啊走的，終於抵達了關渡大橋上。那時大官走前面、小民走後面，一座紅橋上擠滿滿全是人，熱鬧的很！而最讓他高興的，大概是每一個參加的民眾，都可以領一個便當和兩個紅龜。

我問他說，年輕時，你有甚麼夢想嗎？他絲毫沒有考慮，立刻說，沒有。我又問，那對自己的種田人生，有沒有甚麼獨到的見解或是感想？我才剛把嘴巴閉起來，他瞬間又堵住了我的嘴，就像在玩快問快答遊戲一般，說沒有，搞得我一陣氣結。不過他又很有良心的補了一句，你要看我種的菜嗎？前面就有啊，你自己去看！或許因為語言承載不起，他一輩子體會到關於山、關於水、關於風、關於雨的那些感覺重量，他不想跟我說一大堆口說無憑的大話，就叫我自己親眼去看、用全身毛孔去感覺，還比較快嗎？

突然，我想起詩人吳晟的一首詩〈我不和你談論〉：「……我不和你談論人生，不和你談論那些深奧玄妙的思潮，請離開書房，我帶你去廣袤的田野走走，去撫觸清涼的河水，如何沉默地灌溉田地……，去領略領略春風，如何溫柔地吹拂著大地。」或許，這就是阿公要告訴我的意思吧。

【相遇小記】

阿公家其實離我家不遠，但在這裡住了那麼久了，卻是第一次見到他，阿公有些重聽，因此現在回想起來，那天除了練體力之外，大概也是在練嗓門吧，因為之後許多受訪者，都有重聽的問題。

那天，我沒有帶相機出門，因此心裡一直盤算著，哪天再去找阿公補拍照片。但兩個月後，我再回到阿公家門口，來應門的是一個阿姨（阿公的媳婦），她告訴我一個讓我深切體會到人世無常的消息，就是身體好到天天往田裡跑的阿公，竟然得了淋巴癌已被送入了醫院。

不過幾個月光景，怎麼一切都變了呢？我吶吶的問著，那阿公還能康復嗎？阿姨回我說，動手術是不可能了，能拖一天算一天吧！接著她就開始抱怨，阿公吃東西最愛重鹹，一條魚已經裡裡外外全抹上鹽巴去煎了，還要沾醬油吃，每當她刻意不用那麼鹹，阿公還會親自進廚房教她怎麼料理比較「好吃」，結果丈夫一吃馬上吐出來，大叫著夭壽，那麼鹹怎麼吃！她都無奈的回說，那是你老爸要求的，別怪我啊！愛吃鹹也就罷了，又愛抽菸愛抽得要命，阿姨嘆了口氣說，如果沒這些壞習慣，阿公活到幾百歲都不是問題！

阿姨拿了阿公的照片給我，說就用翻拍的吧！就算阿公回家了，滿臉病容大概也不給拍。真希望，這位一輩子沒病沒痛的老先生能早日康復，不要受到太多病痛的折磨，能夠安養天年，度過人生的晚年時光。

雲林四湖●建商
流光之芒

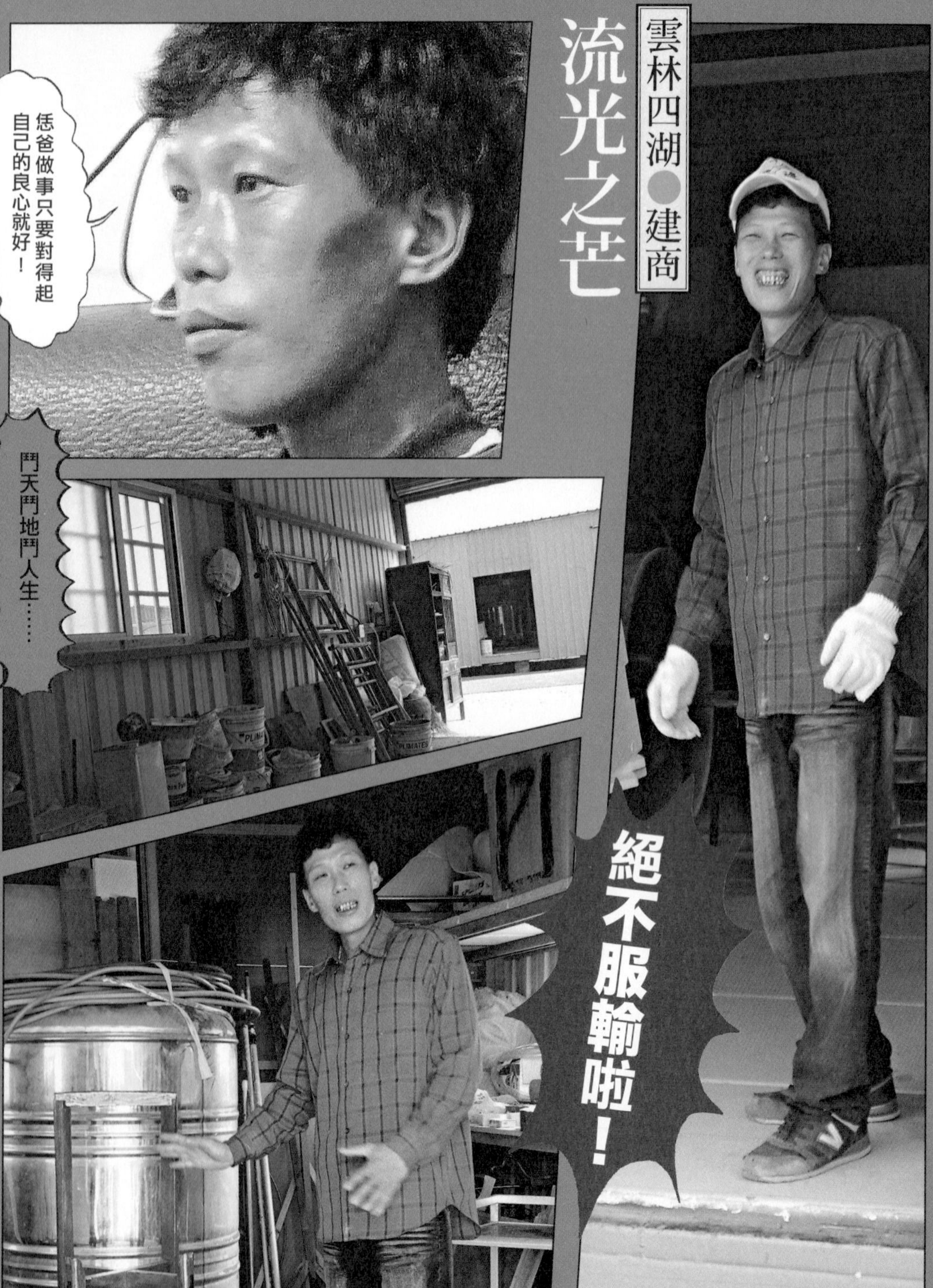

人群中的他是一個談笑風生、常逗得全場哈哈大笑的人物，我總感覺，他應該有段相當精采的人生故事，於是問他肯不肯接受訪問，結果，他在我姓啥名啥都不知道的情況下，就豪爽答應了。那個年代的雲林，是一個黑道猖獗、流氓橫行的地帶，他說，怎樣的環境就會生出怎樣的人，強勁的東北季風夾雜著鹽分，年年送來貧瘠，人要在這塊土地上生存並非易事，自然而然就養出了一群剛烈剽悍的人，只要能活下去，看是要討海捕魚、還是走私販毒，甚麼樣的活兒都有人幹。

深夜的海清宮漆黑一片，他用一種滿不在乎的姿勢站著，指間夾的那根菸隨著吞吐在黑暗中晃動，菸頭微弱燒著的那一點火光如流螢。脖頸上掛著的瑞氣千條金鍊子，在微光流轉下閃著黯淡的色澤，他吐出一口氣，自言自語的說，阮（咱）雲林就是出流氓。

我不知道該如何寫這一個人的故事。訪談過程何其有幸，他願意把一切的想法、把他最真實的一面，不論好的、壞的、乾淨的、骯髒的通通都告訴我，但越了解，越不知道該如何闡釋「他」這樣一個人。雖然每個人都是極其複雜的個體，其他訪談對象的故事，同樣有拿捏上的困難度，但至少都有一定的脈絡或走向可依循。對於他，我只能說，只要闡述的一分太過，就會像灑狗血的八點檔；只要描述的一分太淺，就會變成平淡如柴米油鹽的流水帳。寫他的故事時，總覺得自己像一個拿切肉大刀、暴力東切西砍的肉販子，試著要把我難以形容的生命，砍成我寫得出、說得出的一篇記敘文。我只能盡力以自己所能表達的語言，記錄我在他身上感受到，關於生命的重量或厚度或隨便甚麼形容詞的那一回事。

從小，他就是一個讓父親怒罵、母親流淚的

孽子。他自嘲，國小、國中大概是他這輩子最「精采」的時期，從這個庄頭打到那個庄頭，在地方上結黨鬧事的小奸小惡從沒斷過。他不服氣的說，那時他做的事情，也沒那麼嚴重，但只要所有人集結起來，一起說你是個壞胚，好像一夕之間你就會變成一個殺人放火樣樣來的大惡人。當時還是小學生的他，就已經「聲名遠播」，到國中入學時，還得民意代表遊說，才有學校肯收留，學校的意義對他而言，是高興就去繞繞，不高興就自動放假的所在。如此有一搭沒一搭的，國中三年也畢業了，他正式入學於社會大學，主修蓋房子。

社會大學，大概是全世界最難混的大學，每一堂課，都可以讓人嘗盡世間冷暖，如果不盡力而為，事情絕不是當掉重修那麼簡單。他十八歲時離開雲林到台北做工，舉凡房屋建造的鷹架搭建、水電牽線、室內裝潢、大理石地磚、木工鐵工等等，都是社會大學裡，蓋房子學系的必修學分，而人際關係的拿捏、彼此虛與委蛇的套交情，對天性喜豪爽肝膽相照的他而言，絕對是最難拿到的學分。

在台北打拚的日子沒過多久，他就發現自己罹患了癌症，這樣的消息對於年輕氣盛的他而言，無疑是晴天霹靂的巨變，當時他才剛新婚不久，有了一個還在妻子肚中的孩子，工作也漸上了軌道，正是人生要鴻圖大展之時，卻在臨門一腳之際，命運之神讓他摔了如此重重的一跤，他說，從那一刻開始，他對人生的看法，就有了徹底的改變。說好聽是樂觀，只活在當下，事情看好的那一面，但只要把這個樂觀稍微翻轉，其實就是一種及時行樂的悲觀了。

生病的時候，他做了一個至今只要想起，依然會像舊疾復發般，胸口發疼的決定，他堅持要妻子拿掉腹中的孩子。天下少有不愛自己骨肉的父母，但在他的觀念裡，夫妻應該是一種共生的連結，少了任何一個，另一個就該去尋找新的伴侶，他若死了，還如此年輕的妻子，仍可以找到一個新的匹配，沒必要帶著一個拖油瓶度一生。幸好，妻子堅持不肯照辦，也幸好，他後來沒死成。記得那個時候，丈母娘曾沉痛的對他說，若事情真演變到最不好的結局，那也是自家女兒的命當如此。對他而言，那是段全身像泡在冷到骨子裡的泥淖中的歲月，同樣是死，知道自己會漸漸走向死亡的等死，和逞兇鬥狠、大概糊里糊塗就死在街頭的死法，他說，前者不知道比後者恐怖幾千萬倍。

治療期後，回到家鄉靜養的期間，他改行去夜市賣臭豆腐，改裝的小發財車攤子，有一個很豪邁的名字，叫英雄臭豆腐，取自「英雄不怕出身低」之意。夜市裡做小吃，一個月大概只能賺兩三萬，在台北工作的朋友都說他傻，放著一個月六七萬的工作不幹，偏要回雲林擺夜市，但人活著賺那麼多錢的意義何在？他覺得這是一個遠比如何賺到一堆錢更重要的提問，賺的多就吃多吃好，賺的

三條崙沿海的蚵架。

少，就吃少一些而已。不過，天不從人願，半年後，他將臭豆腐攤改為賓果遊戲攤，所謂賓果，其實就是高風險的金錢賭博，類似六合彩，一個夜晚攤子上進出的錢可高達三四萬塊，結果做了半年還是看破收攤了。簡而言之，大病初癒的那段日子，是他生命中很難跨越的巨流河，被倒會，欠了一屁股債，化療的後遺症，樣樣禍不單行，滾滾河水看不到彼岸，而回頭也無岸。

在他的頸子上，掛了一條台灣草根氣息濃厚的粗金鍊，那是丈母娘送的結婚禮物，當他真的山窮水盡的走進了當鋪，將金鍊典當換錢的那一刻，他發誓總有一天，一定要將金鍊子贖回來。就這樣，他又回到了台北做工程，就住在最多刻苦耐勞雲林人居住的三重。台北之於他，就是一個賺錢的場域，眾聲喧嘩看似熱鬧繁榮，卻是一個讓人打從心底感到寂寞的孤城，每個星期和家裡人通電話，光聽到妻女的聲音就會心酸紅了眼眶，女兒到後來甚至不願接電話，他由妻子口中才得知，女兒是因為不想哭，才不想聽到爸爸的聲音。說起這段往事，他的口吻，很靜、很穩，沒有情緒的單調陳述，反倒是在旁邊無聲傾聽的我，眼眶有些積水，還好夜色夠黑，頭一仰就把水又倒回去了。

做房屋工程絕非輕鬆討好的涼差，有時數個建案同時進行，他又經常性的失眠，工作簡直要人命，想回家，卻又不敢回，直到債務還得差不多時，他訴諸天意，將決定權交給了無法說清、卻始終牽引他的無形力量，他去那座自小看他長大的廟宇，海清宮，詢問包公的意見。結果，得到的回應全是要他回家，從那時至今，他就再也沒有離開家，十多年的歲月，他曾在六輕工業區當過老闆，也曾賦閒在家泡泡茶、弄弄手工藝品，做了不少漂亮的洗手台、桌子、櫃子。

我第一次看到他時，他正在一個擺滿蚵仔殼的烤架後方翻翻弄弄，姿勢熟練的像個五星級大廚。整個房屋前院的水泥地上，滿滿都是促膝坐在低矮小凳子上，熱熱鬧鬧說著體己話的人們。當我偶然來到這個全場沒個認識臉孔的家族夜間烤肉派對時，為了入境隨俗不要顯得太突兀，就超自動的開始吃東西，莫名其妙的吞了一顆手掌大的蚵仔，立刻就對此世間美味驚為天人，就算明知六輕的陰影就在自己頭上，仍無法克制的狂吞此等來自海洋的珍饈。那時我心想，一定要認識有這樣好手藝的人！於是就拉著小板凳，手上還不忘拿一罐台灣啤酒，坐到了那個一手拿香菸、一手拿酒瓶，還有多餘的手可以烤海鮮的大廚旁邊。

人群中的他是一個談笑風生、常逗得全場哈哈大笑的人物，但我總感覺，他應該有段相當精采的人生故事，於是問他肯不肯接受訪問，結果，他在我姓啥名啥都不知道的情況下，就豪爽答應了。深入和交談，才發現坐在面前的這個人，是一個我不曾預期的生命體。

他其實是一個很深沉的人，在那麼年輕的時候就遇上了令人震驚的大病，特別理解生命的脆弱和珍貴，隨著年紀增長，漸漸開始思考自己活著的意義何在，脾氣收斂了，行為也不再那麼不顧後果，尤其人生這一路走來嘗過多少世間人情冷暖，知道落入谷底時的痛苦，因而他會樂於去幫助那些需要援手的人，而不欲人知。不過他仍然相信惡馬惡人騎，以暴制暴是必要之惡，他說，恁爸雖然是混流氓出身的，但一輩子不偷不搶、不騙財不騙色，凡事從不會太計較，有恩必湧泉以報、有怨必加倍討回，沒有甚麼事情只有好沒有壞的啦，恁爸要做啥，只要對得起自己的良心就好了。

他仍然是個聽從本心而活的人，很主觀，自我意識很強，而這樣的個性，通常也是不服輸的同義詞，因為不服輸，他才可以度過人生中的艱難考驗，然後總是笑口常開的為大家烤出驚為天人的美味吧！

【相遇小記】

這年暑假，我一共見到他三次。因為水保局大專生農村洄游活動小隊駐紮的社區就是他所住的村子，我身為一個「小隊輔」，每個月按規定要前去關切一下團員活得是否還安好，並提供建議和協助。但不知是幸運還是不幸，我負責的這個團隊，本身就已經優秀到不行，團隊中有五個人前一年和我同時參加這個活動，還奪得第一名的佳績，哪裡需要甚麼指導，因此我總覺得尷尬，每次跑去雲林，名義上，是提供經驗與協助，實質上，根本就是去「騙吃騙喝騙住騙睡」。

第一次到這個雲林海邊的村子，是七月中旬，那天白天跟團員跑了一整天，晚上，我癱在電視前，看著不知道已經重看幾遍的機械公敵，突然有個大男生笑咪咪的拿著手機，問我要不要去吃烤肉？那天的晚餐是在海清宮旁一間「恐怖」小店吃的，老闆娘小氣的要命，煮出來的東西不但量少，而且上不了檯面。因此，雖已晚上九點半，但肚子餓到尖叫時，一聽到有東西吃，甚麼睡前吃肉會變胖之類的忠告，馬上變成明天再說，於是我聽從本心的跟著幾個男生們吃烤肉去啦！

到烤肉會場（某戶人家的門口，好像是某理事長的朋友的老婆的娘家），我就這麼認識了當日的烤肉大主廚，除了烤蚵仔，他的烤花枝、五花肉、蝦子、蛤蠣、烤魚，沒有一樣不是人間美味，滋味五花八門，而不是烤肉醬的重鹹單調味道，吃一口剛烤好的帶殼蚵仔，配一口冰涼的台灣啤酒，在夜晚微風徐徐吹拂之下，我只能說真是天上人間。

十一點多時，要回去了，我和大廚說有緣再相見，他笑哈哈的問我，要在這裡待多久啊！我說明天就要回台北了，他馬上捲衣袖準備揍人，我馬上識相的補充，八月初還會來啦，他才哼了一聲說，你吃我一頓，要還的咧，那時，我以為這是最後一次看到他了，以後應該不會再見面了，畢竟他也不是負責團隊駐村事務的人員，只是一個當地居民而已。

八月初，我背著一個十幾公斤的超大包包，再次回到了這個村落，探望完這群團員之後，我的下一站不是回家，而是要繼續往南走。記得同樣是晚上，我也是癱在電視機前，不過那天吃得蠻飽的（吃隔壁村買回來的澎湃便當），這時有個大男生邊講手機邊問我，有好料可以吃喔，你要不要去啊，我回說不要。他一臉為難的說，可是人家指定要你去耶，我嚇了一跳，心想怎有「指定我去」這種事，就乖乖跟去了。一到吃好料會場，一眼就看到那位上個月捲袖子作勢要揍我的仁兄。

閒聊時，我說起之後想做的事情，他滿臉驚訝的說，師妹你這樣有夠危險，（我曾鄭重介紹過自己的名字，不過被批評太難記了，他說為甚麼不像鄉下人，取個雞屎豬屎之類的名字啊？結果，我獲得了人生第一個綽號——師妹，取就讀於師大的小妹之意。）今天若是他女兒要做這件事，他會先安排一個跟蹤的人，一路保護，不過，如我要訪問他，他可以接受。隔天，我搭客運去了嘉義，幾天後，我打電話問他，哪天有空可以接受我的採訪，約好時間後，才又搭客運回去找他。基本上，這是我訪談時間最久的一次，從下午開始到深夜快一點才結束，因為客運一天沒幾班，當晚就睡在他家，他有兩個可愛乖巧的小女兒，和一個氣質出眾的太太，對我都非常的好，隔天早上，我就直接搭客運去台南了。

雲林北港●傳統糖果屋女兒

一輩子的甜滋味

穿梭在北港媽祖廟兩側密密麻麻的民居間，被糖水的香味吸引而進到這家糖果店，從沒看過人家手工製作台式風味的糖果，忍不住又想採訪老闆，結果就遇到那位溫文有氣質頗像老師的阿姨，聽她娓娓道來製糖的人生。大部分人愛吃糖的時間會在十五歲左右趨緩，但她的吃糖資歷，卻是從二十多歲才開始。接掌家業之後，她的一天開始於清晨四點，將麵粉漿、砂糖、麥芽糖倒入大鍋中攪拌，直到鍋中冒出一個又一個啵啵作響的漂亮大泡泡。接著，把糖漿倒到大桶子中使之冷卻，再用木製的大麵桿滾平、切塊，就成為一顆顆散發光澤的糖飴。

從小在北港朝天宮旁邊長大，對她來說，媽祖金面之前，就是全世界最豪華的遊樂場，殿前的花崗岩斜坡即滑梯、格子地則是跳房子的好場地，每年一至三月媽祖生日時，更有絡繹不絕的進香團熱鬧可看。而家裡的生計，也和這座幾乎日日鑼鼓聲喧天的巍峨媽祖廟息息相關：她們家是做老鼠糖的（即新港飴，又稱進香糖）。

在那個物資極度缺乏的年代，遠道而來的香客，總是會買上幾包被視為奢侈品的糖果請媽祖嘗嘗，但她們家五個住在「糖果屋」中的「幸福」小孩，卻沒半個是愛吃糖的，不但如此，自她有記憶以來，對自家樓下那個製糖空間，從來就沒有好感。她們家住在朝天宮旁，如迷宮般的一條小巷子裡，那是條狹窄僅供步行的舊式長巷，很溫和婉約，一點兒也不張狂，充滿市井小民的生活氣息。不過就因為開了她老爸這麼一家製糖店，使街坊鄰居數十年來的嗅覺從來沒平靜過，除了嗅覺上的強制入侵，在幫助巷弄空氣增溫的貢獻上，父親也可說是功不可沒的頭號功臣。簡而言之，家樓下那個永遠充滿甜膩水蒸氣、擁擠燠熱的地方，是她從小就想逃離的空間。

想逃走的理由，更精確的說，或許是一種厭倦和看膩。打小開始，當父親打赤膊勤奮工作時，她也得揮汗如雨的隨侍在旁，幫忙倒入麵粉漿、砂糖之類的原料，尤其是過年，當全天下都在放大假，闔家同歡時，自家卻只能沒日沒夜的應付從天而降的一大堆訂單，過年都不過年了。更可怕的是，生活中甜味的氾濫已經不止於家門界線，而是攻城掠地般入侵她的校園生活，當她讀幼稚園時，第一眼看到學校老師發下來的點心，竟然是自家做的老鼠糖時，差點沒失聲尖叫「天啊！又是它！」那種明明已經盡力避開命中宿敵，對方卻又無孔不入、處處插針帶給她的恐慌，每每想到就令她背頸發涼。

她的父親於民國四十七年時，在北港開業販售傳統糖果，諸如新港飴、花生糖、香蕉飴等等，都是父親的拿手好「糖」。記憶中的父親，是個一輩子苦過來的堅毅新港人，三歲喪母、十歲喪父，一切都只能靠自己。父親總是語重心長的告誡家中五個小孩，要認真讀書、做大事，不要像老爸一樣辛苦一世人。而她打小的夢想，也相當符合老爸的期望：從商賺大錢、去環遊世界、去幫助很多很多的人。只不過父親不知道鞭策女兒的最大動力，是拚命想逃離甜味的渴望。

十八歲那年，她考上台北的大學，自小的願望終於實現，終於可以逃到一個沒有甜味、沒有滿屋子熱氣的地方，終於不用待在父親身旁做糖果了。她高興極了，滿懷期待的將行李裝箱，頭也不回的走出家門，離開那個位在朝天宮旁錯綜複雜小巷中，總飄著膩到讓人牙根發酸甜味、狹窄昏暗的家。

時間似乎是讓人認識自己的一種方法。在台北唸書時，生活中不再飄散著無時不在、無所不在的熱糖氣味，清晨五點時，淺眠的她也不會再被早起的父親驚醒了，她矛盾的發現，這些生活上的小變化，居然讓她悵然若失了，沒有甜味的生活居然變成苦苦的味道了。她尤其不習慣台北的冬天，集陰冷溼寒於一體，自小厭惡卻又萬分習慣的蒸騰熱氣，突然成為記憶中最美好的感覺圖像，她承認自己想家了，想那個在媽祖腳下、永遠甜蜜蜜熱呼呼的家。

從來沒想到，家裡有四個兄弟，最終家業的擔子，會落到自己頭上來。大學畢業後，她回家照顧身體每況愈下的母親，和日漸年邁、力不從心的父親，繞了一大圈，她又回到這裡，在這個帶給人們歡笑的糖果屋中，但也因為繞了這麼一圈，她才真正明白自己珍視的是甚麼，也深切體會到父親既希望孩子用功讀書、做輕鬆的工作，卻又可惜努力大半輩子心血，卻無人傳承的矛盾心情。於是，她撐起家業大樑，開始了至今二十多年和糖飴奮鬥的人生，將白花花的麵粉和砂糖，以及金黃透亮的麥芽，正式織成了生命的一部分。

做手工糖果這一行，每天得清晨四點起床，糖果撫慰人心的力量在冬天特別顯著，因此冬日生意興旺的時候，忙到十、十一點是家常便飯。她是一個認真勤奮且力求完美的人，有著滿肚子的煮糖經，對她而言，每鍋糖都是需要用心對待的東西，而不是只靠經驗青青菜菜，每天遇到的天氣、溼度都截然不同，要維持糖飴最佳的口感，日日面對的都是全新的挑戰。堅持了二十餘年，北港城中做新港飴的店家，碩果僅存的就只剩下自家一間了，她發現，做台灣傳統的手工糖果變成了一種責任，也沒想過說要做多大的生意、賺多少的錢，只是單純的想把父親的手藝保留下來而已。

這間巷弄中充滿家族記憶的糖果店，曾是一

個讓她想不顧一切逃走的地方，但時間讓她發現，這裡才是她的根之所在，再怎麼又熱又甜膩，只要心安了、踏實了，生活中的辛苦都是甘之如飴。因此，她依舊在這裡，在北港的一條小巷弄中，做著給世人帶來笑容的糖飴。

【相遇小記】

雲林的北港，近年來規劃了許多條羊腸小徑，帶領著初次來到北港的人，接觸隱身於巷弄中的文化古蹟。我也跟著告示牌的指引，騎著腳踏車，在低矮的民居間四處遊蕩，而許多老到臉上開滿菊花的老人，都坐在自家門口乘涼聊天，一見到我不知從哪個巷子口冒出來，就死盯著我瞧，好像我是一個走錯棚的冒失鬼。

為了打破尷尬和遵守國民義務教育的禮貌公民教誨，我都會先開口打招呼，而這些阿公阿嬤就會開始幫我做X光身家調查，諸如從哪裡來啊、來幹嘛啊、是在幹甚麼的啊、覺得北港好不好玩啊之類的，回答完之後，才可以拿到通過准許證，繼續往前「闖關」。至於這家糖果店，則是我在巷弄中亂晃時，偶然經過店門口，被糖水的香味吸引而「下馬」入內的。

那時一進到店裡，有四個人眼明手快的做著綠色豌豆與金黃芝麻製成的糖酥，其中兩個拿著刀子切龐然大物般的凝結糖漿，另兩個負責包裝糖果。我朝裡頭年紀看來最大、有當家氣勢的伯伯問說，哇塞，我還沒看過人家做手工台式風味的糖果呢！老闆，能不能和我說說你的製糖人生故事。結果那位忙著將整坨糖切成細長條狀的伯伯哈哈笑著說，老闆可不是我，要採訪，你要問我老婆，她才是老闆！他邊說，邊把一小塊糖拿給我，說熱熱的最好吃，你吃吃看！結果我一把糖放進嘴裡，牙齒一咬，糖就好似強力膠般、把上下排牙齒黏成一塊，好幾分鐘，我的上下顎全副心神都努力的在和糖果拔河、沒空檔說話。

我探頭朝店裡頭的阿姨瞧，費力的張開嘴，是看來很像老師的那位嗎？伯伯說對啦，她故事可多著咧，而且很孝順，還得過全國孝行獎呢！真的啊！（這時伯伯看我講話又順利起來，又遞來一塊熱糖，我趕快婉拒免得又說不出話來，和齒縫間的糖飴奮戰實在太勞心費神了），結果那位溫文有氣質頗像老師的阿姨，開口說話了，「你不要寫我得過孝行獎」，我說為甚麼，這是好事啊！伯伯在一旁嘻皮笑臉的幫腔說，唉呀她不想紅啦！雖然我忍不住寫了出來，但如果你「有幸」偶然走進了這間店，遇見了那位不想紅的阿姨，請不要問她是不是得過孝行獎，就算問了也不要說是我說的，謝謝。

一路上遇到了這麼多人，我覺得，一個人的個性和氣質，除了從眼神舉止中可以略窺一二外，說話時的用字遣詞與方式都會顯示出一個人的本質，就算有意隱藏，還是無法全盤遮掩住，總會露出些蛛絲馬跡，而這位阿姨的脾氣和心性，都是我見過前三名好的，不說壞話、不說狂言、凡事為他人著想，完全是我這個常說壞話、常口出狂言、凡事為自己打算的人，應該學習的對象。

笨港陶之華

嘉義新港●交趾陶師傅

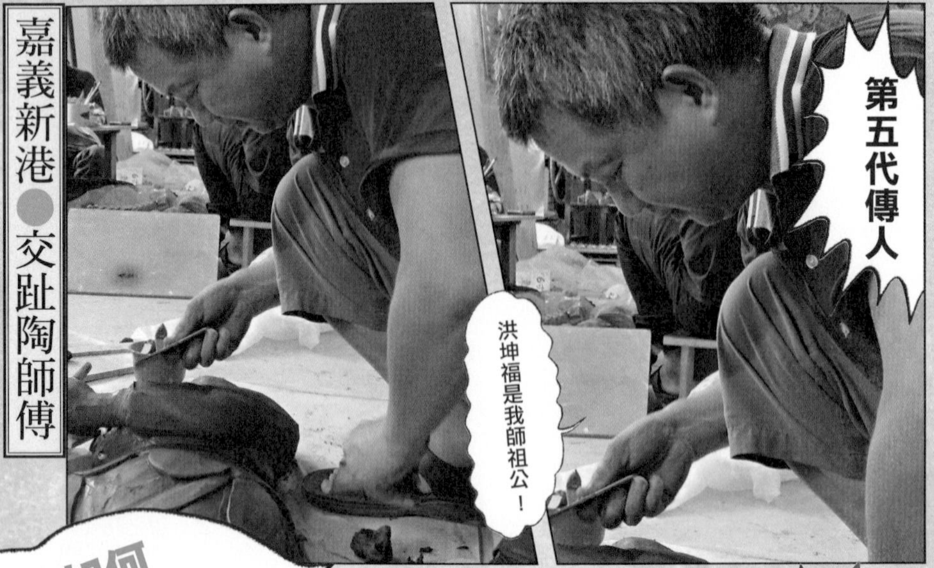

第五代傳人
洪坤福是我師祖公！

看我如何貫通古今，融合中西！
梵谷的星空變交趾陶了……
我現在的人生是黑白的，之後就是彩色的了。

我在圍牆外探頭探腦，想進去工廠裡瞧瞧又沒膽，前後思量了老半天，最終好奇心戰勝恐懼。來之前有沒有做功課？對交趾陶瞭解多少？我回去以後，一定會認真做功課，把交趾陶清清楚楚的搞懂！誠懇的保證終讓他開始說自己的人生故事。他的母親在北港朝天宮前賣蚵仔煎，在他年幼的眼睛裡，朝天宮裡有趣的東西，從來就不是那些尊高高在上的神明，而是在廟宇各個角落神出鬼沒的梅蘭竹菊、龍虎鳳雀、陶人陶偶；是那些在廟頂上有著豔麗飽滿色彩的花花草草剪黏，又或是其中娓娓道來的神話傳說、忠孝節義故事。

台灣的笨港地區，開發的時間相當早，三百年前就已是一個非常繁榮的地帶，顏思齊登陸碑，至今依舊矗立在北港市區的一個圓環中央，而他所居住的板頭村，就是三百年前那個繁華笨港的中心地帶。

他是一位交趾陶師傅，而他如何習得這項技藝，或許要從十九世紀末、二十世紀初，交趾陶初步傳入台灣的時候，開始說起。交趾陶，起源於中國南方閩粵地帶的民俗技藝，是一門幫廟宇穿衣服的學問；而這間廟應該穿旗袍還是馬褂、唐裝或是漢服，就是一位交趾陶師傅藝術創意的發想發揮空間。交趾陶到底在甚麼時候首次出現台灣，早已不可考，只知道是唐山公跨越黑水溝來到嘉義民雄（打貓）地區時，順道帶來了製作的技術，而清末五口通商時，台灣經濟繁榮、廟宇漸多，也有許多交趾陶師傅來到了台灣。至於目前證明交趾陶技藝傳入台灣，並由台灣在地人士傳承下來，最清楚的一筆資料，是一九〇六年，一場嘉南大地震讓新港奉天宮與北港朝天宮，一夕之間全被震毀，地方上人士為了修建這兩座重要的信仰中心，共同集資，自廈門邀請了唐山師傅洪坤福來台，幫忙修建毀壞的廟宇。而洪坤福就是他師父（陳忠正）的師父（林再興）的師父（梅清雲）的師父，算來他已是第五代了。

他出生的板頭村，位於北港朝天宮、新港奉天宮兩大廟宇中間地帶的一個聚落，蜿蜒的北港溪就在家旁邊，北港溪河道與板頭村焦不離孟、孟不離焦的相依相偎，百年來，不知道為板頭村帶來多少災難，北港溪特愛改道的習性，以及冬季沿著河道吹來，嚴寒刺骨的東北季風，使得板頭村成為一個名符其實的風頭水尾聚落，最糟的是，北港溪雖一天到晚的做大水，卻沒有為村子帶來豐沛的水源。板頭村經常缺水，而嘉南大圳幾年才輪一次灌到這裡，使得整個村子成為一個常常淹水，但卻只能種植旱作，冬季還冷得要命的地方。

惡劣的自然環境，使得板頭村的居民，三天兩頭就得遷村。他小時候的印象，就是每當大水災過後，北港溪就會瞬間換了個姿勢流，結果村子裡的人就得搬家遷村，遷村不但需要很多的時間，更得有大把大把的金錢，因而導致村子裡的家家戶戶，都是苦哈哈的窮光蛋，小孩國小國中一畢業，就去台北、高雄之類的地方當學徒，而他幸運了些，雖也當學徒，但至少在自家附近，不用小小年紀就離

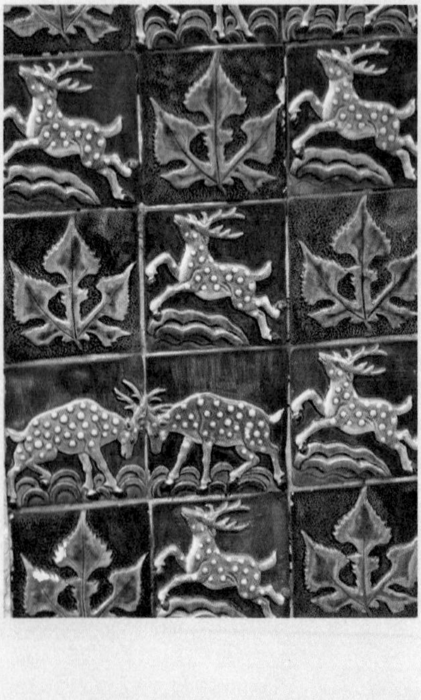

開家鄉，而且做的事情，還是他喜歡的。

他母親在北港朝天宮前賣蚵仔煎，而他就是看著這間夾雜著蚵仔香、麵粉香、雞蛋香的朝天宮長大的小孩，在他年幼的眼睛裡，朝天宮裡有趣的東西，從來就不是那些尊高高在上、俯瞰紅塵世間百姓的神明，而是在廟宇各個角落神出鬼沒的梅蘭竹菊、龍虎鳳雀、陶人陶偶。那些在廟頂上有著豔麗飽滿色彩的花花草草剪黏，又或是散布於樑柱、水車堵、壁堵一個個娓娓道來的神話傳說與忠孝節義故事，總是特別吸引他的目光，有時候，廟裡若是來了個維修那些雕龍畫棟裝飾的師傅，他更是鎮日就杵在旁邊盯著人家看，師傅的每一個小動作，都非得前後左右瞧個鉅細靡遺不可。到了十六歲左右的年紀，他正式入行成為學習交趾陶技藝的小學徒，與沖沖去了姊夫開的陶藝廠學功夫，而姊夫就是他的老師，陳忠正先生。自此以後，他逐漸開始將第一眼見到交趾陶，內心所感受到的喜愛，內化成未來一輩子對這項傳統技藝掏心掏肺、付出血汗的力量。

交趾陶的技藝又細分為剪黏和交趾陶，而交趾陶師傅的工作，事實上並不是整年都窩在新港，埋頭苦做陶俑做剪黏即可，而是得全台各地到處跑的興建廟宇，只有在燒陶時，才會回到新港，或是就近在北部鶯歌，有陶窯的地方製作。他是個特別認真的人，除了自己的老本行交趾陶，有興趣的事情，通通都想去嘗試，也因此後來，他自發性的去空中大學裡修習文化人類學，為地方上的考古、史蹟調查、歷史文化出了自己的一份心力，成為地方文史保存工作的中堅分子。

隨著大時代的前進，老技藝也有了許多的創新，交趾陶被賦予的意義，不單只有過去在廟宇樑柱屋簷上，融入了儒釋道三種民間信仰精神、貶惡揚善、祈福教化精神依附的象徵，更可以成為公共藝術方面創意發揮的媒材，具有台灣精神的在地故事、地方物產，都可以是交趾陶未來發展的方向。他希望，能夠透過自己的努力，將老技藝融入新活力，將新港地方全台灣獨一無二的特色，推廣給所有人認識，而不要讓交趾陶這樣博大精深的老文化，漸漸的不受重視，消失在人們的記憶與生活之中。

【相遇小記】

板頭村因為近年來積極發展社區營造、推動觀光的緣故，村子裡有著許多交趾陶、剪黏製成的美麗公共藝術，騎著腳踏車穿梭其中，步步都是驚喜。這位交趾陶謝師傅的工廠就在住家旁邊，而這位藝術家，大概將他全身的藝術細胞，全發揮在自家房子的每一個角落了，經過他家房子前那條小路時，不注意都不行，梵谷名畫「星空」特殊漩渦式的的景致，在圍牆上成為一片又一片新月型的剪黏片，漂亮極了。那時我在圍牆外探頭探腦，想進去工廠瞧瞧又沒膽，前後思量了老半天，最終好奇心戰勝恐懼。

一推開半掩的大門，看到幾個正在吃午飯的學徒，我問這裡能不能接受採訪啊，學徒們說不行啦，要事先預約，我說求求你啦，盧了老半天，各種手段都用了，就在黔驢技窮之際，終於有個學徒答應幫我進去問問看，簡直高興死了，連聲謝謝大哥。過了半晌，學徒大哥走出來說，老闆叫你進去問話，我心想，問話啊？怎麼這麼恐怖，就戰戰兢兢的跟著進去。

工廠裡頭一個很大的空間，人人都坐在小板凳上，對著躺在地板上的作品又搓又揉，學徒大哥把我帶到老闆旁邊就跑了，我自動自發盤腿坐下來，開始自我介紹、說明來意，老闆只在開頭說了句你好後，就沒吭聲，忙著做他的交趾陶門神，等我說完之後，他才開口問，來之前有沒有做功課？對交趾陶瞭解多少？對板頭村有沒有認識？我冷汗直冒將剛才在村子裡繞了一圈，看到告示牌上介紹的板頭村故事，現學現賣瞎扯一通，邊扯心裡邊想，還好剛才有仔細看！當我把所知薄弱的學問講完後，非常誠懇的又說，回去以後，一定認真做功課，把交趾陶清清楚楚的搞懂！

這樣一個總結，大概通過了入學考試吧！師傅就開始說起了自己的人生故事，不過，由於交趾陶的傳授以親戚傳親戚為主，而且相當重視門派，師傅一直重覆說著許許多多的人名，我一直身陷在人名的泥淖之中暈頭轉向，又不知道人名怎麼寫，就寫注音或隨便找個字寫，師傅瞄到了還會糾正，洪坤福先生寫成洪昆湖、陳忠正先生寫成陳中正，真是糗到不行。

師傅問我，這本書是出版社要幫你出了嗎？我想了想回說，這個嘛，我一定會讓它付諸實現，師傅一聽就潑冷水說，所以就是還沒有人要出嘛！我不服氣的回嘴，如果沒人要出，也可以自己發行啊，師傅這才滿意，雖然當時被他激得火苗心中燒，但回想起來，他是有意激我，讓原本就不服輸的我，更加用心的完成這件事情吧！果然師傅就是師傅，薑是老的辣。

其實這一路上，幾乎每一個受訪者都會問我，你這本書真的會出版嗎？雖然我總是信誓旦旦的說，會，但其實心裡也沒把握，隨著訪問的人越多，壓力就越大，因為每個人都這麼期許你，要你把他們的故事寫出來，到了旅行的後半段，就算我眼前擺著風景名勝，心裡還是想著，誰誰誰的故事該怎麼寫比較好，吃飯時想、洗衣服時想、洗澡時想、散步時想、騎腳踏車時想，根本就不算在「玩」，大概可算是「戴瑜萱的思考之道」吧！這條台灣之道雖比不上松尾芭蕉的哲學之道，但至少是自己親身走出來的，對我個人而言意義重大。

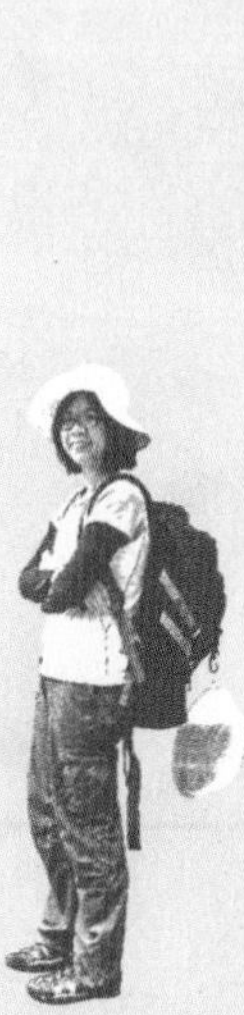

嘉義新港●現代農婦
菜豆哲學
哇塞！阿姨好強！
人生像菜豆，攀爬學問大！
小妹妹，阿姨可是有練過的。
注：這不是菜豆喔！

我也不是很確定在哪個地方遇到她的，只知道大概是在嘉義古蹟名勝水仙宮附近，阿姨一聽我要幫她種菜豆，就說了句，拜託～我女兒都沒那麼勤勞！但在我自動自發捲褲管撩袖口的行動說服之下，阿姨這才鬆口說起了自己的菜豆哲學。聽著這樣新鮮的理論，我突然產生了鮮明的幻覺，好似眼前上百株奮力向上的菜豆，都變成了她人生旅途上的精神導師——我又搖了一下頭，他們才又恢復原先的菜豆樣。原來看起來沒有意義的事物，實際上也有很多可以領悟的哲學。

第一眼看到她，是在北港溪高高堤防旁的農地，她穿著一件後背有汗水浸蝕痕跡的粉紅圓領衫，戴著草帽子，儼然一副台灣最佳克勤克儉女性傑出代表的模樣。為了能和這位代表說上幾句話，我沒話找話說的問她在種些甚麼東西，聽到我的問題，她眉毛吊的好高，一臉「你誰啊？」的模樣，但還是很熱忱的回答她種的是菜豆。就這樣，我認識了一個可愛的阿姨，她叫做秀蘭，不是台語歌曲〈素蘭小姐要出嫁〉的那個素蘭，而是秀外慧中的美麗蘭花，秀蘭。

民國五、六〇年代出生的台灣人，大部分生命中的一段歲月，總會在工廠度過，而她也不例外。雖然打小住在新港一個名叫「菜園」，顧名思義就是種菜的地方，從小也要幫忙家中農事，但隨著台灣經濟起飛，只要台北、台中、高雄的工作機會越多，新港的工作就越少。國小時，她就去台中的雨衣工廠打零工，之後又陸續在台灣各大都市中的成衣廠、蘭花場工作，就這麼過著日子，日日月月年年的時間就這麼過去，算一算離開家鄉，在浮華都市討生活的日子，也有數十年了。

她是一個樂觀的人，從小就被認為「很好笑」，有時連話都還沒說，看到她的人就會笑成一片，而這樣的人在面對生命中起起伏伏時，不論如何的颳大風做大浪，也始終能保持一顆淡然面對的心，只看事情好的那一面，然後愉快的度過每一天。畢竟，希望就如同道路一般，走久了無路便成路；走多了，看似無望，也會出現希望的，不是嗎？中年時，她工作的蘭花培養場大裁員，屬於公司年齡較老員工的她，也成為白紙黑字裁員名單上的一個。於是，她回到家鄉接掌了父親的田地，開始過起回歸土地的農村生活。

當我在菜豆田裡越幫越忙時，她一邊熟練的將菜豆藤向上攀在竹架子上，指導我這個手殘的都市佬如何「正確」的幫助菜豆成長，還一邊發表聽來超有道理的菜豆哲學。歷經中年失業打擊的她說，人生就要像菜豆，如果一直橫衝直撞的往上衝，風雨一來一下子就被打斷了，菜豆這樣東攀西爬，抓穩之後再往上邁進，才是真正的成長。她還告訴我，菜豆天生就是逆時針向上爬的，順應它生長的方向幫忙往上繞，就像教小孩一樣要順著小孩的性子，才不會揠苗助長。這樣新鮮的理論，似乎也只有天性樂觀如她，才可以從中悟出吧。

從年輕到現在，她做過不少相互之間截然不同的工作，不過在她看來萬事都殊途同歸。就像她從種菜豆悟出的道理，也存在算數學、做衣服、讀國文的過程中。說到這裡，就像全天下的媽媽一般，她開始數落自家的小孩，教他做農事也不想學，到現在菜豆嬰和菜豆花都還傻傻分不清楚！雖然她說得實在抽象，我也是聽得如鴨子聽雷，但總覺得挺有道理的啊。她說，她在電視節目「爸媽囧很大」，聽到一句深感贊同的話，人生不可能完美，但完整也很重要。她捫心自問自己的生命，雖然一輩子的生活從沒輕鬆過，但這樣一路走來，一路上都有父母丈夫、有孩子陪伴，她的人生的確是很完整了。

她有近百個「菜豆嬰仔」，每一株她種的植物都像是她的孩子，要餵吃餵喝，風來了要擋，雨來了要遮，病了也要吃藥。每每她的綠色嬰仔在颱風後被刮的不成人形，或是得了甚麼不治之症，她都會打從心底覺得心酸，不是沒錢賺那種心酸，而是對生命的失去感到難過。她總是說，奇怪，現在都說要有機有機，人生病了也要開刀吃藥，就是只有植物生病了，還不可以噴藥治病，不噴藥會死耶，有機農業還真不知道是甚麼道理，農藥也是有分等級的啊，短效期的安全標準用藥，還是要使用啦，她很自豪的表示，自家種的菜她都敢吃，就表示每一樣都沒問題。除了和田裡的菜豆有深厚的感情，她與田旁溝渠中的土虱都可以交上朋友，因為每天都會見面，久而久之就有深厚情誼，一來田裡，牠就會從旁邊游出來呢！除了土虱這種我只在夜市藥膳店碗中看過的生物，她的田裡還有許多青蛙、蝌蚪、螃蟹、大肚魚，真的是一個很溫暖的菜園。

當天色已暗我要離開時，站在田埂上回頭與她

這是阿姨克勤克儉的午餐，我偷拍的！

告別，望著菜豆田中，她與來幫忙的丈夫，以及剛上完暑期輔導、跑來菜園裡等爸媽「下班」的三女兒，雖然廣闊的田園與其上遼闊無邊的天空，都很不應景的全是灰撲撲一片，完全沒有半絲夕陽而且一副快要下雨的樣子，但我還是覺得，這大概是人世間最美麗的風景吧！完整美滿，不就是人一生中所求的最好狀態嗎？

【相遇小記】

在嘉義古蹟名勝水仙宮附近，阿姨一聽我要幫她種菜豆，就說了句，拜託～我女兒都沒那麼勤勞！你去水仙宮拜拜再來啦，古蹟耶，去看看再來啦，等下我要去農會繳菜豆，還要吃午餐，下午才會在啦！所以我就聽從指示去水仙宮拜拜了。

水仙宮果然是古蹟，果然是破得相當有格調，看來滿臉滄桑、看盡紅塵一切貪嗔癡的模樣，進去繞一圈，仔細看著牆上的雕樑畫棟，不是交趾陶小人的眉眼全失了蹤，就是剪黏上卡了不少蛛絲，但我覺得真好看，這樣才像是古蹟嘛！就這麼仰著脖子瞧了老半晌，有沒有瞧出個門道來也不知道，出了廟門就在附近晃晃，兩度經過同一塊正在整地犁平田的農地，遠遠就見一個相當時尚（戴墨鏡、打了個時髦汗巾）的農人，帥氣十足的踩在犁上控制方向，讓機器帶著自己跑。第一次經過時，我揮手跟他打招呼，外加大叫一句，「你～好～」，不過機器轟轟叫得好大聲，也不知他聽見了沒。第二次又不小心經過同樣的小道，這次他直接大揮著雙手和我打招呼，為了回應這熱情的問候，我也舉起雙手揮得像電風扇一樣，然後，就跌了一個狗吃屎。因為機器仍然在運轉，他也無法下來救人，我就以一種，糗到很想直接跌到田中爛泥巴裡，再也不要起來的心情，緩慢的起身，緩慢的坐上腳踏車、緩慢的騎走了。

回到阿姨的菜豆田，見阿姨已經在田裡忙了，趕快上前問有沒有哪裡要幫忙，於是被指派了個「幫菜豆長大」的工作，負責將不按牌理出牌，隨便亂爬的菜豆嫩芽，適切的捲到藤架上，邊繞邊和阿姨閒聊，還順便拍了幾張應阿姨要求，要看不出來是她的照片，阿姨還得意的說著，我都知道你們照相是在照些甚麼！以前我在蘭花廠上班，那些要參加攝影比賽的人來取景，要的就是那幾個採花、拈花的動作，這我可精得很！我哈哈笑著說，好啊，阿姨你就給我來幾個採菜豆、拈菜豆的動作好了！閒聊之餘，幾個小時很快就過去，好似片刻天就黑了，我就和阿姨一家人道別啦。

十二月，再訪阿姨的菜園，目的只有一個，就是多拍幾張阿姨的照片，菜園裡景物依舊人事也沒非，只不過農作由菜豆變成小番茄，而阿姨則是多了一個前幾天才發生，關於她被一隻很兇的老鼠追到滿菜園跑的故事，講完故事後，順便讓我見見那隻傳說中的悍鼠，我故意在牠面前，以很誇張的姿勢，吃了一顆鮮嫩欲滴的紅番茄，希望牠有很忌妒的感覺，哈哈哈哈。

現代草藥師

嘉義市●草藥鋪老闆

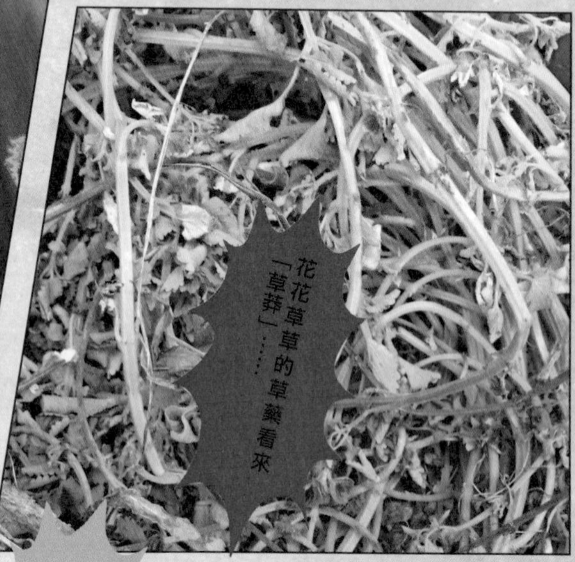

好香的味道！吸引我走進一家偶然經過的草藥店，東摸西看之餘忍不住問抓藥的小姐，可不可以訪問你的人生故事啊，嚇得她趕緊搬出老闆。經我百般糾纏，為難的老闆終於幽幽道了一句：草藥師，是夕陽中的夕陽行業哪。在我聽來，光是夕陽就有點淒涼的感覺了，夕陽中的夕陽，該是怎樣一種悲涼的景致啊，不過，雖然他話這麼說，但我坐在店裡的一個下午，完全沒體會到絲毫的「向晚意不適」，反倒客人一個接一個的上門。

他是一個出生於二十世紀末、活在兩個世紀之交的草藥師傅，光念著這個職業頭銜，忽然就會有種穿越時空的感覺，好似瞬間來到了篳路藍縷的遠古時代，眼前有個蹲在山洞裡的巫醫，不但手中要搗著青色的藥草泥，口中還要念念有詞的施咒。不過基本上，這些我自己的望文生義以及過度豐富的幻想，都和這位草藥師，以及他窗明几淨的店鋪，完全沒有一絲一毫的相似性。

他的童年，是在草藥堆中玩躲貓貓度過的，當家裡大人忙的不可開交時，也得要在旁邊遞東遞西，就算是越幫越忙，畢竟也是一片誠心感人，就因為如此，學習草藥事，從他出生開始，便是他生命中不可分割的一部分，就算硬是要切成了一刀兩斷，仍會有藕斷絲連的青草味，若有似無的、魂牽夢連的在他周遭方圓五里內「餘音繞樑三日不止」，畢竟，他是草藥店家的小孩，家裡永遠積放著成堆的藥草群山，青草味瀰漫整棟樓房，住在裡頭的人，似乎命中注定天天就得一付天上謫仙人般，隨時隨地散發出看是要曼陀羅華還是曼殊沙華悉聽尊便的天界香氣。除了宛如正字標記的氣味，降腦壓得吃金線蓮、除囊瘡要用半枝蓮和蛇舌草、珍珠紅可治胃潰瘍……這些許許多多早已儲存於他深層記憶裡，無法抹滅的的草藥知識，也在在宣告著，他來自一個草藥師世家的背景。自然而然就會了的東西，就是生活，而這些草藥，就是他的生活。

他家草藥店鋪的前身，其實是祖父的一台四處推著叫賣的小推車，那推車上啊，甚麼都有賣，就像一個拖著走的小小雜貨店，麻雀雖小卻五臟俱全。在那個仍是農業社會的台灣，醫療資源極度的匱乏，用草藥治病，才是老百姓依循的「正常」管道，關於草藥的認識，也是流傳於街坊巷弄中，人人吃好道相報的口耳相傳，而祖父的工作，雖然一開始，與草藥也是八竿子打不著，但特別急公好義的個性，讓他在推著一車子雜貨到處叫賣時，路見不平拔刀相助所花的時間，遠比認真做生意的時間還多。在這樣行善為樂的萬里行路後，所獲得的，不只有助人之後的快樂，更累積了許多的知識經驗，讓他知道了大家平常需要、常使用的，究竟是哪些草藥。於是，那台小推車上，漸漸開始出現一

把又一把或新鮮翠綠、或乾燥黃褐的藥草，等到有天，小推車再也裝不下，祖父認識販售的所有藥草種類後，他們家的草藥店鋪，就在嘉義東門市場附近開張啦！

小時候，店裡由阿公當家，或許因為是遺腹子長大的成長經歷、又或許受日本教育影響，阿公是個嚴以律己、也從不寬以待人的師傅，阿公的治學風範，他至今想來依舊歷歷在目，當聽到有誰誰誰知道甚麼病並該如何治、有誰誰誰精通藥草的使用時，他的阿公，就會兩手空空的親自登門造訪，若是人家不願意教，就搬了把小板凳坐在人家家門口，以時間換取空間、以誠意代替禮物，阿公從來不送禮的，在他的觀念裡「那是一種諂媚沒風骨的行為」，而誠意，絕對是一種比禮物還珍貴的東西。對家裡幾個學徒工作態度上的要求，更不是只有「嚴謹」兩字就可道盡，而是「極度嚴謹到有點不盡人情」。

那時的學徒，九歲就要來到店裡長住，甚麼事都要做，簡直就如長工，兩年掃地打雜偶爾切切藥材，三年學習如何製作加工蒸煮的草藥，之後才能開始幫客人抓藥、學習看診，而這也只是初步踏入草藥師大門的基礎而已。在近十年的艱苦歲月中，他說，他們家每一個學徒，被阿公臭罵甚至挨打的次數，絕對只會多不會少。

直到身為長子的他接掌家業，家裡的草藥師接力棒，已經傳了一連好幾代了，在他自己的執業生涯中，總感覺草藥之於他，就像是手下的兵將，自己則是個運籌帷幄的大將軍，救人時要有十足的把握，才可以鎮住那個病鬼，否則就會發生他小時候見到，發生在阿公身上，救一個死一個的慘案。關於那件慘案，是件很玄的事件，信不信由聽者自決，但就是真實的發生了。他說，草藥師最重要的工作就是望聞問切，每天都在觀察病人的氣場，久而久之，感受度會特別的高，一有氣氛不自在，馬上會察覺，阿公就是在某天顧店時，看到一個走進店裡的病人，馬上就有種「他應該活不久了」的感覺，但還是堅持去救他，沒想到自己一個才十幾歲的孩子，竟突然離奇死亡，問了地方上的專家後才知，是病鬼盯上了半路來搗蛋的程咬金，所以才這樣刻意報復。謹記這樣教訓的他，幫病人看病講求的是福分，他會把該知道的都告訴病人，其餘就看病人自己的造化，絕不強求。這或許是懸壺濟世者，為了自保而不得不然的處世方法吧。

若分析台灣的醫學教育體系，很快就會發現，台灣西醫體系以外，多只有中醫的系統，缺乏屬於台灣本土的本草學，草藥不等於中藥，但中藥可算是中國地區的草藥，簡而言之，草藥，是一種地方性極強的原始在地藥材，多是新鮮使用，就算經過加工，也只多了一道簡單的曝曬手續，要分辨草藥行與中藥行，最簡單的方法，就是草藥行永遠是一片亂糟糟，株株藥草從地板堆到了天花板。畢竟這些花花草草，都是這塊土地生出來的小孩，也難怪看起來，就是不受教的草莽模樣，和台灣人的脾氣一模一樣。現今的草藥師，大多是非科班出身的民間師傅，學東西的方法，多是透過師傅傳承、自己翻書或是從客人那聽來的實務經驗，獨缺的部分，就是正式的學校體系訓練。對他而言，藥草是一門永遠學不完的學問，一樣的藥材，不同地區的使用方法，就有著截然不同的差異；一樣的草藥，海邊長出來的藥性，就是和山上的不同，最常見的例子就是白馬蜈蚣草，山上的白馬蜈蚣草會生紫根、挺直且多毛，平地的則是葉子常綠且葉大少毛，長相不同藥性自然也不同。除此之外，還有數種不同的藥材，有同名同姓的辨認危機，可惜的是，草藥在台灣的學術研究中，依然是一塊不受重視的領域。

許多民間草藥師傅或許缺乏學術專業訓練，但卻對辨識藥材的品質好壞與製作十分精熟，他總想著，如果能將他們納入醫學院，正式開班授課，讓台灣民間草藥知識成為一個專業的領域，並利用西方的科學，補它的不足，一定是大有可為的一門學問，否則，很多有效老偏方，就會慢慢失傳，比如，老祖仙說硼砂可以治白內障，但現今社會，誰敢拿自己的眼睛去嘗試？如果沒有專門的學術機構進行科學實驗，這種或許真的非常有效的療法、或許對醫學非常有貢獻的發現，就會完全失傳了。身為民間的傳統醫學，藥草學最大的難處，就是藥方從來沒統一過，每個人，不論用藥者或是賣藥者，都有自己一套用藥方式，大家都是在「用對人、用對量、用對時間」的嘗試中學習，說的聳動一點就是「拿命試藥」，不過也幸好，草藥這種東西，就算無法將病根治，其天然的性質對於人體，倒也不會有太大壞處，頂多就是清熱解毒或是顧顧心脾，不像西藥一個用藥不慎，就會有可怕的後遺症。

他幽幽的說，草藥師這一行，是夕陽中的夕陽產業，在我聽來，光是夕陽就有點淒涼的感覺

了，夕陽中的夕陽，該是怎樣一種悲涼的景致啊！不過，雖然他的話是這麼說，但我坐在店裡的一個下午，完全沒體會到絲毫的「向晚意不適」，反倒客人一個接一個的上門，有老有少有男有女，多是騎著機車、連安全帽都沒脫，一上門就急喊著類似「我要顧腳骨用的骨碎補五兩」的話，一拿到一袋子草藥，即刻又風塵僕僕的立馬離去，頗有征戰沙場誓死不還之感，在旁邊聽著，不禁開始猜測，那名機車戰士最近的腳骨，莫非就是在戰場上耗損嚴重，才需要補補的嗎？

他繼承了阿公嚴謹的製藥態度，除了栽種經過精心的照料，店裡的藥草也全都經過多重的品質保證，偌大一間店鋪，又分為放新鮮藥草的冷藏區，與放乾燥藥草的常溫區，他說，就算自己在藥草上沒甚麼驚人的成就，但至少也要做到，阿公告訴他的，做事情時應該有的認真態度。他希望，草藥這種沒幾個人會重視的老東西，能夠有它發光發熱的舞台，再次回到每個人的日常生活之中；他希望，未來手頭上有筆錢時，要將家裡的草藥鋪，打理的不要看起來「很low」；他希望，草藥師能成為一顆永不落下的夕陽、成為一個受人尊重的職業。如他所言，草藥的藥效，或許沒有西藥來的快狠準，但卻是安全且純天然的東西，是老祖先流傳下來的智慧，應該是大家要來共同維繫的文化資產，一種東西的消失，代表我們某一種生活方式的消逝，而草藥在現代社會，是否有其存在的價值，或許還有許多值得我們深思的空間。

【相遇小記】

待在嘉義市區的四、五天，每天早上，我都去嘉義客運總車站報到，盯著站內大白板上標示的時刻表，心中盤算著哪一個地名好聽，當天就去那邊繞一圈。而由於我住的地方，離車站有一大段距離，因此每天都得先長途跋涉經過菜市場、路邊攤小吃街，一大段大街小巷的穿梭之後，才能順利抵達乘車處，而這間草藥店，就隱身於嘉義市區中的某條街上。

偶然經過這家草藥店時，引起我注意的，是源自於我鼻子傳達給腦部的訊息，好香喔！是第一個直覺反應，我不是「看」到，而是「聞」到這家店，嗅覺先於視覺，帶給我經驗這家店的方式，遠比視覺深。當然，這家草藥店在視覺上同樣深具看頭，光是那千奇百怪的草藥，不論新鮮的、乾燥的就足以讓我看到雙眼發直了。於是，我走進店裡，向正在櫃台上抓藥的小姐問，欸，我可不可以訪問你的人生故事啊？想當然爾，人家被我嚇得半死，然後推出老闆當擋箭牌，說老闆不在，要我打電話問老闆，不要問她啦！於是，我就打電話給老闆，在電話那一頭的老闆，聽到我的來意第一個反應是，我對地方文史很不熟耶，不過我一個朋友他是研究這個的，不如……我馬上截話，不是要問地方文史，是要訪問老闆您一生的故事啦！然後就聽到一個頗為為難的聲音，我哪有甚麼故事啦……最終的結果，就是在我超級「盧功」的發功之下，老闆勉為其難的說，好啦！那我就試試看好了……現代草藥師的故事就這樣開始了。

揉麵、捏花樣、加蔥、加肉、灑芝麻、顧火爐……，一心多用，乃我絕技也！
台南市●江蘇燒餅傳人
火雲神掌
帥！
保證燙手！

這家燒餅店的老闆一聽我要採訪他的人生故事，就說，拜託，這我講三天三夜都還講不完！老闆你講三天三夜，我就三天三夜奉陪！結果，老闆一身的絕技使出來了。揉麵、捏花樣、加蔥、加肉、灑芝麻、顧火爐是主弦律，隨著客人來來去去，適時會加入一些銅板的噹啷聲、打屁哈啦的笑語聲，當成主弦律中的小變奏。已經如此豐富的樂譜，他還可以在休止符出現的空檔，看看電視機裡上演的球賽最新戰況，偷偷抽根菸，接接電話兼抹汗，讓休止符變成詩意的暫停。

南台灣的晨光，從來無法套上「溫暖、舒適、撫慰人心」等等溫和的形容詞。這裡的陽光只要一現身，放送的，就是熱到全身上下所有毛孔，都要出汗的火辣熱忱，若是在此等烈陽下，去那店裡買個燒餅夾油條，汗水就不是「出」汗那麼溫文儒雅，而是毫不客氣的，用千軍萬馬的氣勢奔騰而出了。

那是一間很有溫度的店，更是火塘文化的最佳代表，由一缸陶筒輻射而出的數百度高溫，熱烘烘的燒燙了每個睡眼惺忪來買餅的府城人心。那是一家麵粉與炭灰橫行霸道，比人還囂張的店，店裡絡繹不絕的客人，每個都規規矩矩的排隊買餅，就這兩個黑白無常，混在滾滾熱氣中，在幾隻沾滿白粉黑灰電風扇的助紂為虐下，吹的漫天飛舞，沒啥漫天柳絮因風起的詩情畫意，倒是人人都成了大花臉。

店裡的牆壁大約在數十年前，是美麗的一片天空藍，不過至今已是徐娘半老而風韻完全不存，更不幸的是這位徐娘長年定居在燒餅店，焦炭煙燻，並沒有讓她像上了煙燻妝一般，充滿嘻皮風情，反倒整張臉被不均勻的抹上一層土黃，像個沒人愛的黃臉婆，又因為她本身的膚色是水藍的，黃藍交雜之下，變成了悽慘的青綠，更可怕的是，徐娘慘遭毀容後，不知哪年哪月想不開，燒炭自盡未成，臉上又多出了幾塊黑到不行的燒疤。

在火爐旁一方小天地忙的不可開交的，是一個平頭的台灣漢子，穿了件沾滿白撲撲麵粉，上面還印著「love hurt」，以及一顆血淋淋被一箭穿心圖樣的墨綠吊嘎，有雙瞳鈴大眼，和片刻不得閒的古銅色粗壯手臂。這家燒餅店沒有名字，現今的老闆，來自南投，娶了一位長於府城眷村的姑娘，而姑娘家裡祖籍江北，老爸是個賣燒餅的老兵，於是，南投漢子就這麼當起了江蘇老丈人的學徒，做起了因緣際會下渡過黑水溝，在府城落腳的江蘇燒餅。

老師傅的外省口音沒人聽得懂，身兼學徒和女婿的他，一天到晚挨罵，被罵了些甚麼也一知半解，聽的最懂的永遠只有一句「你還想不想混呀！」但語言溝通上的無效，人總會自己尋找出路，用眼睛看，師傅十根手指在青蔥、芝麻、絞肉間跳躍的姿勢；用耳朵聽，爐中焦炭燒到適宜溫度時，是怎樣的聲音；用鼻子聞，發酵好的麵糰是如何的味道；用手去摸，衡量做一塊餅時，麵糰該有的重量。失去語言，學習的方式仍有無數種，只要肯學，處處都是自己該注意的暗號。學做餅最難的地方，就是眉眉角角的小細節很多，一個不注意就全盤泡湯。有長有短的形色揉法，現在要灑蔥花，等下又要抹芝麻，這個要包砂糖，那個要抹糖水，或許，還要黏上一層和了酥油的黃麵糰，尤其爐中火候的控制，稍有不慎，就會出爐一堆全得自己吃完的火咬餅。

做燒餅賣燒餅這一行的，大概都不會得老人

癡呆。每日凌晨三四點開工之後，就開始特訓一心多用的特殊絕技，揉麵、捏花樣、加蔥、加肉、灑芝麻、顧火爐是主弦律，隨著客人的來來去去，適時會加入一些銅板的噹啷聲、打屁哈啦的笑語聲、油條包入餅中霹啪響的碎裂聲和袋子淅淅唰唰的摩擦聲，當成主弦律中的小變奏。已經如此豐富的樂譜，他還可以在休止符出現的空檔，看看電視機裡上演的球賽最新戰況，偷偷抽根菸，接接電話兼抹汗，讓休止符也非單純的空白，而是很有詩意的暫停。

要做燒餅，前天晚上就得先將麵粉揉好等發酵，麵粉要發麵，發麵要用老麵，他扯開喉嚨大聲罵著，電視上演的甚麼百年老麵都是在騙肖，酵母喜熱怕冷，再怎麼活，壽命也就只有幾天，太冷會死掉，冷過頭成冬眠狀態太久也會掛掉，就算熱呼呼的幾天後也會壽終正寢，甚麼活了百年的老麵多強多厲害，真正的工夫不在那塊大概已經臭酸發霉的麵糰啦，他一臉拯救無知愚昧平民百姓於苦海無邊的對我說，酵母的功能大同小異，真正的工夫是在對不同季節、不同天氣的觀察下，衡量加入老麵量的多寡，和發酵的時間長短，這才是厲害的地方，懂嗎？

每日清晨，揭開白棉布蓋著的大鍋，拿出沉甸甸的大麵糰，碰一聲丟在大桌子上，淋上一匙鹼水，燒餅店就算開始正式營業了，做餅的動作就是要大，要豪邁不拖泥帶水，才有一種頂天立地、渾然天成的氣勢，餅看起來也特別好吃，看他做餅是種視覺上的饗宴，他也很有自知之明的問我，他做餅時，是不是全天下最帥的男子漢？當我嘴裡吃著他請的餅，手上還順道拿了一杯豆漿時，「沒錯」應該是最政治正確的語言，也是唯一的答案，更何況，我也是真心這麼想的。

桿麵糰前，要先在大桌上灑麵粉，只見他將五爪鏟入了麵粉袋，用一種乾脆的姿態，瞬間關節一拉一甩，麵粉就嘩一聲擊中了桌面，若做的是三角餅，就要把麵糰擀長，單用擀棍還不夠，更要用雙手拍拍拉拉，在製造出一波波白浪洶洶的飛舞麵糰時，順勢將之拉長，拉平整，而他對待麵糰邊邊角角的態度，就像一個最絕情的情人，拿了把菜刀就毫不猶豫的剁了下去，然後絲毫不留戀的往旁邊扔，看都不看一眼。最後，長長一條擀好的麵糰要灑上青蔥芝麻，青蔥在裡面，芝麻在外面見客，該灑的灑了，該剁的剁了後，接著就是把一片片餅送入陶缸，接受烈火紋身。做這個送餅入爐的動作時，一定要先沾溼手臂，否則烤的就不只是餅，還有附帶的燒人肉可以夾餅吃。他雙手進爐貼餅的動作，行雲流水的像一位練了百年神掌功的武術宗師，餅在雙掌間跳舞，一手拿起餅，翻到另一手拍水，再翻回原手，伸臂入爐，啪一聲貼到壁爐上，動作一氣呵成，完全不怕燙，轉瞬間就貼好十幾二十個。當餅皮呈現金黃，就是拿長夾探入爐中，一個一個抓餅出甕的時候，而在爐旁等得不耐煩的客人，就會開始自動自發的拿起紙袋打包了。

他的燒餅店，完全反映出台灣多元文化在一爐的特質，不同地方的口音，在同一空間中流轉；不一樣的梳妝打扮，在同樣的時間出現。而他和誰都能聊，口音隨著談話對象不同而有所變化，用字遣詞也能因應不同年齡、不同世代的人而有所不同。因此，他的客人有草根氣息濃厚、操著閩南語的老阿公；有全身包得密不透風防太陽的家庭主婦；以及耳朵上掛了十幾個耳環、龐克頭、黃框墨鏡的年輕人；更有頗有民初少奶奶氣息、打扮端莊高雅的外省老太太坐著計程車，在傭人攙扶下前來。他自豪的說，他做的餅好吃又不會脹氣，自然人人都愛！而他和客人的關係，就像朋友般，說起話來，大喇喇的百無禁忌，有客人說沒錢，拿了餅就吃，他也無所謂，只笑罵不准客人拿紙袋；也有大學中文系講師，吃完餅後驚為天人，寫了一首詩送他；

圓燒餅
20
長燒餅
22
豆漿
LOVE

店裡的三個員工，一個煮豆漿、一個洗鍋子、一個擀麵糰，全是路過店門口，順道進來買個餅的客人，沒想到從此「羊入虎口」，全給他騙來賣燒餅，他笑著說，人生就是要這樣過才有樂趣啊！

在台南做了二十一年的燒餅，歲月都刻在他那兩隻粗壯手臂上的點點紅疤中，二十餘年能發生的故事也數不清，令他記憶最深刻的是他賣餅也能賣到變成「張老師」的一段陳年舊事。記得那天早晨，他一如往常做燒餅，招呼客人，還有和當時年紀尚幼的小女兒閒話家常，不同的是有一個沒見過的女孩來到店裡，說是要買燒餅，拿到餅了也不走，就安安靜靜的坐在店裡，也不出聲。

他邊做事邊瞄她，發現女孩好像在注意聽自己和小女兒間的對話，當聽到他叫小女兒「老大」時，她眼眶有淚在打轉了，那時他不敢多問，女孩就起身離開了。沒想到一個禮拜後，店裡莫名其妙的來了一對超熱情的夫妻，一進店裡就對他又是道謝又是擁抱，還要求合照，一問之下才知，那個女孩就是他們的小女兒，從小就是集三千寵愛在一身，是家裡被稱為「老大」的小霸王，脾氣很硬很倔，和父親發生一場口角後，十餘年沒和父親說過半句話，讓全家人既傷心又心寒，沒想到這次回家，卻一進家門就抱著爸爸大哭道歉，家裡人直呼小妹轉性之餘，也好奇她怎麼轉瞬間改變了態度，知道原委後，這對夫妻就專程自台北驅車到台南，再三表達感謝之意，買了袋燒餅後，又立刻開回台北。說起這段往事時，他本來就炯炯有神的眼睛瞪得好大，不可思議的直說，世事真是無奇不有，他甚麼都沒做，就成為影響他人一生的重要人物耶。

這是一家有溫度的燒餅店，而且溫度還很燙，不但如此，它還是一家利用各種感覺刺激，深入台南人生命的店，燒餅濃郁傳千里的焦香、烘爐暖烘烘撲面而來的熱氣、麵粉焦炭沾滿臉的黏膩、各種聲音混雜的狹窄空間，還有一個日日在店裡坐鎮，演練著燒餅絕技的他。府城的市井生活，自有其精彩之處！

【相遇小記】

住在台南市區的四、五天，每日一大早從住宿地騎著腳踏車出來，我都會看到這家燒餅店大排長龍的盛況，心裡就盤算著，找一天也去嚐嚐，就這麼認識了這位揮汗如雨、賣力揉著麵糰的老闆。一聽我要採訪他的人生故事，他就說了句，拜託，這我講三天三夜都還講不完！我回說，老闆你要講三天三夜，我就三天三夜來這邊聽，而且保證都記得！於是，他就接受採訪啦。

因為燒餅店生意興隆，他實在太忙了，我只能咬著燒餅，還配了杯冰豆漿，坐在擀麵桌子的正前方，盯著老闆瞧了一上午，他想到了甚麼話題，就丟出來跟我分享。除此之外，因我一直待到店收攤為止，在老闆沒空理我時，只能到處打量燒餅店的空間，或觀察來店客人的種種，最後這些感受都成為老闆生命故事的一部分了。

結果，根本沒講到三天三夜，當天收攤時，老闆就吶吶的說著，故事嘛，好像差不多這樣，（究竟是我太會問，還是人家覺得我很煩，這依然是個謎啊），於是，原先預估要說三天的故事，就成為百分之百濃縮原汁的這篇故事啦。

台南市●打鐵師傅

鎏金雨

第一次看到人家打鐵的我，眼睛都發直了不說，嘴巴也合不攏了，而既然嘴都合不攏了，乾脆就拿來說話吧！老闆忙著打鐵沒空理我，我就站在一旁看，等著砰砰砰砰超大打鐵聲響的空檔問老闆問題。刀口一放到滾帶上，伴隨巨大摩擦聲出現的是，猛然爆出的大把大把、宛如鎏金般璀璨的淋漓流光，飛濺在空中，畫出優美拋物線，尾部都有著流星般五芒的火花。然後，瞬間即逝，像是一道道金光閃閃的噴泉，其壽命比朝生夕死的蜉蝣小蟲更加短暫，卻有著讓觀者無法忘懷的生命光彩。

那天是個雨下得像得了頻尿症的怪天氣，雨有一陣沒一陣的下，有時下得大些，有時又像若有似無的毫毛，端看路上行人的自我感覺，來判斷自己是否要停下腳步，躲個雨。我騎著腳踏車經過台南市多的不得了的其中一個圓環，雨勢突然說翻臉就翻臉，如壯士斷腕般氣勢如虹的奔騰而下，瞬間我就直覺來個帥氣的甩尾（雖然些微打滑驚起我一身冷汗，減少了一些帥氣的程度），投奔到一個有遮雨屋簷的亭仔腳下，而就這麼湊巧，這個屋簷是屬於一間打鐵店的。

第一眼看來，它就是一間黑黑暗暗的小店。所有店裡的擺飾都是深色調，各式各樣的黑、形形色色的灰、五花八門的褐，構成的整體效果，就是一片黯淡，看來像死氣沉沉的無人之域。店門口擺了許多透明玻璃櫃，櫃子的式樣像是從另一時空中偷溜出來的遺民，擺在櫃中的，理所當然，是刀。當然，還有許多不同造型，不論用途或名稱，我都一無所知的金屬器，靜靜的擺在櫃中，每把木製柄上都印著店家自製的典雅日式圖樣，諸如乃木、一貫、仁等等，看來像氣質出眾、沉穩內斂的日本武士，有著源遠流長並引以為傲的家紋。

眼看亭外的雨有越下越大越高興的氣勢，店

內也傳出輸人不輸陣的打擊聲響，那是一種胎兒聆聽母親心跳般的規律敲擊聲，砰、砰、砰、砰，平穩而令人安心，像是可以就這麼直敲到地老天荒。好奇的往店裡走去，映入眼簾的是一個背影，正一手拿著一把鐵鎚、用力的往另一手握著的紅通通金屬上猛敲，敲五六下後、抬起金屬看幾眼，再繼續敲，是一種很規律的動作。

他們家是定居在老台南的鐵匠世家，他是家裡的第三代鐵匠，幹這行已四十多年，據說他的大名，在他還沒出生時就被刻在墓碑上，理由是阿公早逝，而孫子的名字照例是要被刻在墓碑上，所以只好把尚不在「人間」的孫子名字先刻上了，名字大概是雕刻師靈機一動想出來的，他哈哈大笑的說，這大概是他這個人最特別的地方吧！

他對於打鐵的記憶，打從出生就開始累積，家裡的砰砰打鐵聲是他成長時最熟悉的聲音，畢竟刀子是每一個市井小民天天都會使用到的東西，打鐵店自然天天不打烊。他認真的說，一把好的刀子，可以化腐朽為神奇，過老的竹筍用好刀一切，可以瞬間回春，不新鮮的生魚片用良刀一削，竟會又再度美味可口，好刀就如同騙術，是技藝高超的魔術師。除此之外，一間經營百年的鐵店，更可說是老百姓生命的見證，他小時候總有新嫁娘的母親來店中買菜刀給女兒當嫁妝，到他當家時，這些三十多年前的新娘，有時總會一手提刀一手牽孫子的出現在店門口，一邊在旁話當年，一邊要他幫忙磨這把跟著自己逐漸老去的菜刀。

打鐵是個與聲、熱、光三者密不可分的工作。所謂聲，不單只是鐵匠敲擊形色鐵塊時，發出不同高低音層的砰—砰—砰—砰—招牌節奏，用大機械磨刀霍霍擦出的徨—徨—徨—徨—同樣也是存在感極高的超大聲響。除此之外，還有將熱刀浸入油鍋冷縮時，伴隨白煙陣陣，油水瞬間蒸發後的啪嘶聲、以及鼓風機噗滋—噗滋—噗滋的轟轟叫，這些林林總總的聲音就像一個陣容龐大的打擊樂團，作亂般將小小的打鐵店搞得雞飛狗跳。站在這不知道正職究竟是噪音製造機還是磨刀的機械後方，他一邊操作，一邊大吼的對我說，幹鐵匠的啊！不能早起工作，不然鄰居會在發瘋之後罹患精神耗弱的相關疾病！

所謂熱，可說是打鐵最不可少的要素，打鐵要趁熱是其來有自的俗諺，要打鐵，第一步就是要先生火，而熱源就要依靠一塊塊小小的焦炭。要把漆黑的焦炭燒得通體發紅並非易事，在將它用火鉗塞入爐前，要先點燃一小堆乾草或報紙，等到沒有白煙滾滾冒出之時，就是焦炭已開始被點燃之際。在這個過程中，打鐵師傅的左手要持續來來回回的壓風入爐，右手則是不停歇的鏟焦炭入鍋，白煙隨著他的動作起起落落，從粒粒烏黑的焦炭中噴出，不久，火苗就會順著風勢爬出地底重見天光，像地底出露的岩漿。長筒狀的鼓風爐呼呼作響、清脆的焦炭吔啵聲，是這個階段唯二的聲音。沒過多久，焦炭燃燒的味道就會緊跟著撲鼻而來，那是一種與燒肉烤海鮮有很大出入的味道，沒有任何經驗中的味道可以譬喻，就是焦炭燒起來該有的味道。這時放入的鋼或鐵只要埋入通體發紅的焦炭不用多久，就會閃耀出同樣亮麗的橘紅光輝。而熱到發紅的鐵與鋼，就是他存在的理由，他能用一雙巧手，將這兩樣金屬變幻出各式巧奪天工的成品。

所謂光，就我的觀點，大概是鐵匠這個行業最令人望之昡目的製刀過程吧，比起正在塑型時，火爐中燒到幾百度高溫、黑中發出內斂暗紅光芒的鐵與鋼，磨刀散發出來的萬丈金光，才真的是令人拍案叫絕的奇景。磨刀磨的是鋼鐵已經融為一體的半成品，這個已經從通體發紅冷卻至黑漆漆一副裝沒事樣子的鋼鐵煉刀，竟然可以在高速的摩擦之下，生出如此絢爛奪目的光采，委實驚人。當機械啟動，大大的滾帶開始發出低頻的運帶聲音，等到刀口一放上滾帶，伴隨巨大摩擦聲出現的是，猛然爆出的大把大把、宛如鎏金般璀璨輝煌的流光，飛濺的在空中流竄，每一個在空中畫出優美拋物線的光芒像雨，尾部都有著流星般五芒的火光。然後，瞬間即逝，其壽命比朝生夕死的蜉蝣小蟲更加短暫，卻有著讓觀者無法忘懷的生命光彩。

燃鐵燒鋼，是打鐵的基礎，將兩者打成一塊後，最後再加上磨刀、反覆的熱脹（再拿去火爐裡加熱、打個兩三下確定形狀）冷縮（直接將熱刀進到冷油鍋裡，會散發出不知為何的薯條味）的淬煉過程，一把好刀就大致成型了，而其中最難的步驟，莫屬將鋼與鐵成功黏在一起的過程。再加上過去買不到現成鋼的年代，打鐵師傅還得自己學會如何煉鋼，打鐵更是難上加難。將鈍鐵加入不同元素去燒，就會燒製成各式的鋼，他笑咪咪的說，神話傳說干將莫邪神劍的練成，之所以要把活人丟入火中燒死祭劍，就是因為過去諸如鈣鎂鈉鉀等等元素都取得不易，要將鐵煉成鋼，只好將餿主意動到擁有這些元素的活人體內啦。鐵匠取鐵之韌性，取鋼之硬度，斧頭重砍，要韌；切菜重利，要鋼，但是一把金屬利器，絕非僅有鋼或鐵就可以完成，而是需要兩者的結合才可得。只用鐵打的刀易鈍易鏽；只用鋼打造的刀，極易在淬化時斷裂，因此，打鐵可說是鋼與鐵交織而成的行業。

他們家打鐵基業的奠定，從父親琢磨研究進口到台灣的日本刀開始，試遍各種鐵鋼比例、打製方式，終於煉成一面鋼技藝的獨門絕活，才在台南當年繁華時期，一個府城中有二三十家鐵店的激烈競爭中，立下了門戶。

所謂的一面鋼刀，比起一般常見刀子的差異，在於一般的刀子是將鋼包覆入中空的鐵後，打平而製成，而他父親研發的單面刀，則是直接將鋼黏在一面的鐵上，成為一面都是鐵，而一面有鋼有鐵的結構。這樣的單面刀在磨刀時，比起兩面都要顧到的傳統刀子，更加的好磨耐用，或許是因為此項絕活相當少見，也曾有竹器師傅不知單面刀個中奧妙，買了幾次之後終於怒氣沖沖的「提刀」來興師問罪，破口大罵買回去的刀子磨過之後就鈍到不能用，有夠沒信用。結果一問之下才知，他磨刀的方式比照一般刀子兩面皆磨，結果鋼都磨光了，竹器師傅只好摸摸鼻子、訕訕然再買一把回家。

事實上，單面刀會如此少見，和其難以製成有絕對相關，尤其是要將鋼與鐵黏在一起的程序，他在學時大概弄壞了幾十幾百把才抓到竅門。要讓兩種元素焦不離孟、孟不離焦，除了燒製的溫度要對、另得加入其他元素去髒汙外，燒、敲的過程更是重要，我在一旁看著他工作，總覺得敲打高熱的金屬，就像在製造煙花，通紅的鐵屑往四面八方飛濺，溫度漸降後在陽光底下看來，就像是飛舞在空中的銀色小雪花片，盪啊盪的旋轉，閃閃發光。

他執掌家業數十年，除了一般的業務諸如：建築工人常用的電鑿鎚、磨平水泥用的抹刀；又或是殺魚魚販最愛用的單面長魚刀；農人用的鐮刀、豬耙犁；林務工人愛用的斧頭、開山刀外，零零總總極為「神奇」的訂單也有不少。曾有年輕人的麵店要開業，和他訂製數十個六公分長的小湯匙、造型越怪異越好；也有愛好登山的退休老警察，因為在市面上找不到慣用的舊型登山杖了，來找他訂製一把；又或是意麵店說要訂製煮肉燥用的超大鍋鏟；甚至是拿著幾百年前爛到不成形的鐵鎖，說要古蹟修復請他幫忙的，通通都有。他最喜歡這些稀奇古怪的訂單，總覺得做起來很有意思，很有成就感。

隨著工廠大量生產製造的普及，打鐵業逐漸成為沒落的產業，他感嘆的說，工廠大量製造的刀子品質很差，整塊鋼板切一切裝上木頭居然就可以拿去賣，切不了多久就要磨，而且很容易斷掉，只不過是便宜而已，消費者常鈍了就換一把，很浪費資源。

四十年前，他就想，如果便利商店可以跟打鐵業合作，將每家每戶鈍了的刀子收集起來，交給鐵店磨，這應該也是一個很好的解決方式，如今連髒衣服的送洗工作都成為其生意的一部分了，不知道甚麼時候可以輪到磨刀子的生意呢？除此之外，鐵店的工作就是只要其他人有工作，他也會有工作，現在漁獲量不比以前、建築工人的工作也比以前少。曾經，每日的下午，店裡地上就會堆滿一堆堆要維修的電鑿鎚，又或是等著要製作的魚刀，現在數量都變少了，他總將每個月每筆每筆的收入，用粉筆記在燒焦煤的爐灶表面，以前是一長串的數字，現在大概就每月十幾筆。對他而言，也沒甚麼遠大的夢想，只是沒打鐵就沒錢賺是很現實的問題，努力過生活就是打鐵而已。

他的刀子在完成前，都會敲上一個註冊標記，是一個刻在圓形中的「仁」字，昭告全天下這把把利刃是他的心血和青春。

打鐵人生帶給他的人生領悟，就是打鐵要趁熱，做任何事情都一樣，就像菜冷了就難吃、事情不做就會後悔，恪遵這樣信念的他，除了是一名打鐵師傅之外，同樣也是台南市民義勇消防隊醫護組的隊員，每天都認真的過生活喔。

【相遇小記】

說來好笑，人家去台南必遊的赤崁樓、安平古堡、孔廟等一大堆的旅遊景點，我一樣都沒去，頂多就時騎車時經過，遠遠瞻仰一下聖容而已，細想起來，我在台南若真要說「去」了甚麼地方，好像就只有一家燒餅店、台南市立圖書館、四個菜市場、還有讓我吃得完全停不下來、遍地都是的台南小吃店了吧，而其中，待最久的，就是這家鐵店了，在台南五天，有兩天的下午，我都在這間打鐵店中「砰砰砰砰」、「唰唰唰唰」、「嘩嘩嘩嘩」度過的。

第一天下午，為了躲雨，偶然間才進到這家店裡頭，第一次看到人家打鐵的我，眼睛都發直了不說，嘴巴也合不攏了，而既然嘴都合不攏了，乾脆就拿來說話吧！老闆忙著打鐵沒空理我，我就站在一旁看，等著砰砰砰砰的超大打鐵聲響的空檔期，馬上問老闆問題，大概老闆看我孺子可教、一臉超有求知慾的模樣吧，把打鐵的順序全給我說了個清楚不說，還一一親手示範，又說了，今天做的只有一部分的工作，幾天後他才要做之後的程序，叫我再過來看，我說好啊，於是就有了第二個下午的打鐵研習營了。

第二天下午，一來就見老闆和太太在吃便當，第一次見到面的老闆娘，很親切的問我從哪來的啊、在台南還習慣吧，老闆在旁埋頭吃飯，吃完就說，好了，開工吧！說著就走進店裡準備焦煤生火了，老闆娘揮手叫我趕快跟進去看，於是，第二場的電光火石聲光秀，就正式上台搬演啦。就在我已經狂抄了三頁滿滿的筆記之時，老闆終於說了，好啦，這就是全部打鐵的程序了，還有甚麼問題？我在心裡默默把所有程序操演一遍，見心中那把菜刀已經成型，就說了句，沒啦，我全記得了。

臨走之際，老闆娘跑出來，問我這一路上旅行怎麼規劃的啊，我就拿了那本亂七八糟，完全是從各大論壇上複製貼上，記錄著全台各地便宜旅館、香客大樓、背包客旅店的一疊A4紙給她看，說我是看今晚有哪裡可以住，就往那裏走的啦，她一邊翻著、一邊嘖嘖稱奇的和我說，你真是個獨立的孩子，要繼續加油、要小心壞人，聽著真的覺得相當溫暖。

高雄鳳山●老兵

我志為撫夷

兵不怕死
就怕餓！

英雄氣要長！

愛讀書，從沒想過要有一番大作為！

他就坐在公園裡，甚麼事也沒做的發呆，我跑過去攀談，可以告訴我，你一生的故事嗎？說著說著不知不覺時間就這麼過去了。聽著那蒼老沙啞歌喉，靜靜唱著的雄壯軍歌，雖然有點老菸槍特有、長年抽菸造成的英雄「氣短」，但我認為，那仍是一首很感人的家國之歌，充滿那個大時代中，屬於他的英雄之道、盡忠之聲。

他的名字，是他在清代時曾高中秀才的伯公命名的，名為補遺，字為撫夷。那個年代，國民政府正如火如荼的在中國大江大河的廣闊土地上抗日剿共，家裡長輩給了他撫夷這個字號，其中包含的期望，自是不言而喻。

他是湖南人，在已經不太清晰的記憶中，家鄉是一片綠油油的稻田景色，成長過程中，不是在家裡插秧種田，就是去書塾裡讀孔夫子、讀四書五經等聖人之書。十八歲那年，他進入國民政府部隊，成為一名菜鳥陸軍小兵，開始了他隨著部隊，全中國大江南北四處征戰的數年人生。那正是戰事頻仍的時期，他所在的那班部隊一天到晚拔營，隨著戰事到處走，最多，只在一個地方停留一個禮拜。湖北、湖南、浙江、安徽、南京、福建他都去過，去打仗。我問他，上戰場怕不怕？他哼笑一聲說，怕！怎麼不怕？但怕還是得打！打了為保命，怕都會變不怕！

他打過最激烈的仗，在福建，打地方上占地為王的土匪。那是場雙方近距離交戰的戰役，因而戰況特別激烈，戰場上死了很多人，最後以土匪頭子自殺告終，不過這些大概都不是他記憶裡的重點——大概在部隊裡伙食極差，一天只有早上九點、下午四點兩餐，六人一鍋硬梆梆的糙米飯，大夥蹲在地上配醃菜吃，經年累月的實在餓怕了，因此那次戰役中，他最高興的不是打勝仗，而是在那個家裡藏了三四個老婆的副頭子家，找到了十幾頭圓滾滾的豬，全給大夥吃得一乾二淨！他笑著說，那餐中嚐到的，似乎已經幾百年沒吃過的香噴噴肉味，他現在想起來仍是意猶未盡。

他今年八十多歲了，一生軍旅生涯長達三十多年，對於年輕時參與的場場戰役都已雲淡風輕，記的最清楚的就是吃飯事，兵不怕死就怕餓，吃飽對於隨時都可能命喪戰場的軍人來說，大概遠比甚麼事情都還重要吧！民國三十八年時，他隨著國民政府撤退到台灣，在澎湖一待就待了五年，那年也是他第一次看到大海，感想是，和洞庭湖的泥巴水不一樣，好藍好乾淨啊！在澎湖島上，生活只有更苦，餐餐吃海邊撿的小魚，沒有油，只有一點點的鹽巴調味，平時經過吃飯的地方，遠遠的就可以聞到臭魚味沖天，仍是連張桌子椅子都沒有，餐餐都得蹲在地上吃。那五年唯一吃過一餐好吃的，就是他攢了私房錢衝去馬公的菜市場，買了一顆大豬頭回來加菜的那次而已。

五年後，他終於離開澎湖來到台灣本島，隨著部隊在台灣各地跑，桃園、台中、嘉義、台南、高雄、屏東各地的軍營他都待過，陸軍軍種中的砲兵、步兵、傘兵他都當過。在軍中的生活熱鬧是熱鬧，但生活也真夠乏味，天天就是操練，行動說話都沒有自由，操練之餘也要種田，自己種自己吃，娛樂數來數去不是打籃球就是乒乓球，或偶爾有人來表演節目這幾樣。直到民國六十八年退伍前夕，他才繼十八歲那年在湖南娶了一個妻子後，又第二次的成婚。成家的時間似乎很晚，但他就是看自己的同僚還在軍中就結婚，生活過得相當辛苦，才會選在快退伍、比較方便照顧家庭時才再婚。他說，七十六年時兩岸開放探親，他也回了湖南老家看看，感嘆的發現當年的小妻子老早就改嫁，連孫子都有啦，而更讓他驚覺今非昔比的是家裡的老祠堂宗廟都給打光了，取而代之的是滿地的人民公社，他恨恨罵著，共產黨到現在，不都是掛羊頭賣狗肉？中國境內貧富差距如此之大，這到底是哪門哪派的共產主義啊？退伍之後，他繼續留在高雄的大寮兵工廠裡上班，平時就是做做手榴彈、各式型號的槍枝，住在鳳山老眷村裡，至今也數十個年頭了。

他是一個很有學問的人，寫了一手極漂亮的字，雖然現在老了，手握著筆都會不由自主的抖個沒完，但寫出來的字依然挺拔，字字都是規規矩矩、雄赳赳氣昂昂的像軍人。他把小時候練毛筆字時，爺爺教他的祕方傳授予我：「上打鼓咚咚，下打咚咚鼓，兩邊齊打起，中間剪芙蓉」，簡單易上口的童詩，邊念時，寫字的五隻手指，同時比出各式食指與其他三個指頭分開、小拇指與其他三指分開、食指黏中指、無名指黏小拇指等等的動作，為的就是訓練習字小童五指的靈活度，他說，自己就是靠這首童詩加上勤加練字，才有今天的成果呢。

除了一手好字，他的嗜好是博覽各種歷史、地理的相關書籍，他笑稱自己從小就是個甚麼奇奇怪怪書都愛看的人，一聽我是地理系的學生，馬上就祭出了地球為甚麼有晝夜、為甚麼有四季的問題考我，幸好當年考大學讀的東西還沒忘光，才成功通過他的隨堂考試。他說，最近自己看的一本書名叫《奇人奇事》，然後也不知道為甚麼，我們倆在公園中的漫無邊際的談天說地、東拉西扯，就漸漸變成了讀書分享會，他像個專業的說書人般，隨口道來就是一個個精彩的故事，有些我聽過，如姜子牙釣魚；有些我沒聽過，如蔡襄在福建造橋的民俗傳說，甚麼小兵夏德海因為名字諧音——下得海，很不幸的得跳海去與海龍王求情，卻求了個醋字回來，想了老半天原來是二十一日酉時的暗語……他說得口沫橫飛，我也聽得專心入神。在一個被周遭密密麻麻平房眷村包圍的小公園，我正前方還有一尊蔣中正先生的銅像，但他娓娓道來的蒼老湖南鄉音，卻讓我好似看到了那個小兵夏德海快哭的臉、蔡襄睿智的身影和海龍王不怒自威的龍頭人身。

他是一個從不阿諛奉承的耿直軍人，少話、很務實，從來沒想過，要有甚麼了不起的一番作為，發大財、做大官這些事，他都不會去想。他說，那些做大官的人一定都過得很辛苦，要操很多心、費很多力才能爬到那樣的高度，而且一天到晚都得擔心，不知道甚麼時候會被推下來，太累了，他才不幹。在軍隊裡，他就愛唱歌，有一副人人稱道的好歌喉，《中國一定強》、《孤帆遠影》、《梅花梅花大中華》、《中華民國頌》都是他的成名曲，在觀眾（我）的大力要求之下，他現場獻唱了一段《中華民國頌》，雖然我們家老早在乾隆年間，就已從泉州舉家搬到了台灣，從沒經歷過甚麼中日戰爭、國共內戰，但聽著，聽著那蒼老沙啞歌喉，靜靜唱著的雄壯軍歌，雖然有點老菸槍特有、長年抽菸造成的英雄「氣短」，但我認為，那仍是一首很感人的家國之歌，充滿那一個大時代中，屬於他的英雄之道、盡忠之聲。

【相遇小記】

我是一個很愛拿折頁的人，就像全世界的瘋狂收藏家一般，人家是收藏珍寶時耗資千億眉頭也不皺一下；我則是拿折頁時寧可錯殺一百也不可放過一個。到了高雄火車站時，照例也拿了一堆折頁欣賞兼收藏，就看到了某張折頁上，蒐集著高雄市許多區域，如鳳山、鼓山區等等多有眷村分布的地域，用地圖標示出隱藏在眷村中的外省好滋味，我看了真覺得有趣極了，於是就選了鳳山，要去找好吃的了。

到了鳳山，我只能說，天啊，這裡還真是遍地眷村啊！眷村樣式全是比人高出幾公分而已的平房，家家戶戶的屋簷，都呈現一種相互依偎的模樣，棟距只夠兩個人同行，穿梭在其中，會踏踏實實的感受到，一種屬於市井小民的氣息。那時是早上，好多的老爺爺老奶奶，在小巷中進出活動，有些提著青菜蘿蔔，有些騎著腳踏車，也有坐在自家門口讀報紙，或聚成一圈，扯著嗓子，用一種根深蒂固、絕不妥協的口音，義憤填膺的罵時事、談政治。而會遇到這位老先生，則是在一個被眷村包圍的小公園裡，他正坐在那裡「享受暖陽灑下、微風吹徐的感覺」（我猜啦，因為他就是坐在公園裡，甚麼事都沒做的發呆），於是我就跑過去攀談了。他說他耳朵不好，所以我就拉著大嗓，嘶吼的問他，可不可以把他一生的故事告訴我呀？就這樣，我知道了一個飄洋過海、四處漂泊人的故事。

他超級愛抽菸，尤其是講古的時候，香菸根本是他的連結詞，沒了香菸，他就講不下去，一定得有著煙霧繚繞、菸草氣息瀰漫的空間，以及一種話語與吸菸交錯的節奏，故事才會流洩而出。講到一半菸抽完了，他就起身丟下一句，我去買菸，你等一下，然後，在我沒反應過來，還在紙上做記錄寫著，「他去馬公買了一顆豬頭」時，他已經起身走了，想當然爾，我趕快跟過去，就這麼來到一間隱身於巷弄中的小雜貨店，他與顧店小妹似是老相識，一進店半句話都不用說，小妹就笑嘻嘻的將他要的菸拿下架等大爺付帳了，老爺爺看我被晾在一邊，就說，你去拿瓶飲料吧！我請你。總之，在我說不要而他就直接把飲料塞到我懷裡的一段激烈拉鋸戰之後，我還是抱了一瓶飲料走出店門，出店門時，他回頭向顧店小妹說了句「See you tomorrow！」挺不標準的，不過很親切，我說，爺爺你還會講英文啊！他笑呵呵的說，學過幾句！

那罐飲料是爺爺塞給我的，梅子綠茶口味，極度的甜，完全不是我的偏好，不過，那日我倒是很快就喝光了，還覺得滋味不賴。

高雄旗山●廟公

所謂，客家精神

那天到了義民廟，一聽我正在收集故事，這些阿姨叔叔，就一致推薦裡頭年紀看來最大的阿公，說他人生故事最多最精采了，一定要問他！而這位阿公，也完全沒推託的就說起他的人生。記得昔日在山上工作時，一片山林荒野之中飄盪的，有原住民清亮的聲音、有客家人質樸的聲音、有閩南人婉轉的聲音、有時也有外省人遠自海另一方的家鄉小曲，彼此之間還會相互應合，真是熱鬧極了。

我遇到他的那天，是個熱到讓人發昏的八月天，早上七點，我從美濃沿著田間小徑，慢慢的往旗山方向漫步，沿路豔陽高照沒有半個人，途中只遇到一群對我叫囂的野猴子、幾隻狂吠的膽小臭狗、兩隻在天空中伉儷情深該該叫的大冠鷲、一隻見我如見鬼般狂奔過馬路的石龍子，還有始終忠實陪伴我的影子。到了中午十一點水已經喝完了，熱到有些眼花，眼前突然出現的一間義民廟，我還以為是海市蜃樓，有一群人坐在廟旁大樹下，都是來找他聊天的附近人家。我自動的拖了一張椅子坐在旁邊納涼，就這樣聽到一個屬於客家人的勤奮生命故事。

他是一個很典型的客家人，客家話、閩南話、國語都說的極為流利，刻苦耐勞、堅毅認真、節儉勤奮……這些稱讚用語，大概是都可以用在他身上的形容詞。今年七十一歲的他，一輩子做過的工作多不勝數，只要哪裡有錢賺，人家一招他就跟著去，範圍由深山到海邊，甚至鑽入地底都有過。

他們家住在旗山旗尾，雖說行政區屬於旗山，但其實位在旗山與美濃之間，是由隔壁美濃搬過來的客家家庭。因為家貧，十三歲到十八歲期間，都當別人家的長工，之後才回家幫忙做農，養牛種田之餘也去打零工，做一些土水，這樣的生活直到二十二歲當兵為止。二十歲那年，他接受了人生唯一次幾個月的書塾教育，之前只在十四歲，旗山國小蓋好時，去讀了兩個月半的國小一年級。二十四歲退伍回家後，他聽到有人徵工人，說要去開墾甲仙、杉林深山那邊的道路，他就跟著去了，在那裡鋪了一年的路，先用火藥炸山，再進洞用鐵鍬挖拾碎屑，那時沒有怪手來挖土石，都是用豬犁耙人工清土掃石。一起開山的夥伴，有客家、閩南、外省和原住民，除了原住民，平地人都住在山中的木搭工寮裡，洗澡去溪邊洗，要熱水自己燒，彼此之間語言也不通，不過也是好來好去，他拿菸出來請他們抽，人家也就知道他是心懷善意的了。

開山鋪路的工程告一段落之後，他又跟著同鄉的人，千里迢迢一起到苗栗山區工作，交通得從旗山坐著小小的客運，到了楠梓再換燒煤炭的火車去，那時的火車速度極慢又沒冷氣，車廂裡人聲鼎沸，看是要喝酒抽菸吃檳榔都可以，自由到漫無章法。這次的工作，是到山區種植拿來做木材的油桐、防火用的梧桐等具有經濟價值的樹木。苗栗近山區同樣也是客家人聚集的地方，和原住民的生活領域相交接，他的工作夥伴同樣也是甚麼族群都有，穿著布鞋、拿著開山刀工作時，大家常會唱自己母語的歌，讓工作不致於枯燥乏味。他說，每天在山上工作時，一片山林荒野之中飄蕩的，有原住民清亮的聲音、有客家人質樸的聲音、有閩南人婉轉的聲音、有時也有外省人遠自海另一方的家鄉小曲，彼此之間還會相互應合，真是熱鬧極了。他很會唱客家山歌，那種歌並不是像現在固定唱法、固定歌詞的流行歌曲，而是隨著心情不同而變化的生命之歌，歌詞就是他的心聲、他與人溝通的方式，我聽了覺得真是抽象難懂，就請他現場示範了一段，又因為他說不知道該如何翻譯，所以我這個聽客家話就像在聽咒語一樣，完全聽不懂的閩南子弟，就在徵求同意後，把他的歌聲錄了起來，之後再去請教相關領域的專業人士。

「我不知道這是哪裡，但這真是一個好地方，我還沒和妳認識，但一起玩在一塊之後才發現，原來妳是這麼一個乖巧的女孩！」經過翻譯，原來是首自編的簡單小情歌，他這個閩南語、客家話、國語都講得很溜的人，那時卻說不知如何翻譯，莫非是害羞嗎？根據我現場距離歌星只三十多公分的live感受，那首歌像迴向，主旋律反覆不變之餘，會在其中加一些聲調的小變化，溫和婉轉帶著淡淡的悲傷，很質樸，一點兒也沒有做戲般、煽情刻意的感覺。

他說，現在回想起來，在苗栗山上做苦工的那一段日子，其實很快樂。工作之餘，除了可以學唱苗栗那邊他從沒聽過不同腔調的客家山歌之外，在涼爽的樹蔭之下工作，其實每天都過得很快，晚上大家也會一起喝酒找樂子。他說，原住民們大概是台灣族群中最能歌善舞的一群，晚上大家聚在火堆邊圍一圈，就看他們跳舞唱歌，他大笑說，年輕

的時候也是會下去搖兩下的啦！那時候的原住民與平地人之間，相較過去水火不容的關係已經改善許多，但他仍說，他膽子再大也不敢進到原住民居住的深山領域，因為那些出外工作、年輕一輩的原民家中，仍有不少隨身配著獵刀、很討厭平地人的老一輩原住民，進到山裡，就是傻傻的要給他們當豬殺。他明理的表示，他們這種態度其實也是可以理解的，畢竟論理而言，他們才是真正的台灣人，卻長久以來一直被平地人無理的欺壓，這是平地人的不對。

等到種植油桐之類經濟樹種的工作結束之後，他依然待在苗栗，但工作地點卻轉戰到地底下，成為苗栗內庄地區的礦工。礦場的工作是三班制，八小時輪一次，二十四小時都要有人在裡面，得不斷打空氣進去，否則礦坑裡的氣體會使人立刻喪命。進礦坑就跟進豬舍一樣，一開始礦石的味道臭到令人難以忍受，但五分鐘之後嗅覺疲乏就會沒感覺了，身為一名礦工，工作的標準配備就是一件短褲、頭燈和塑膠鞋，坑道又溼又熱，絕非一個燈光美、氣氛佳的工作環境，每日入坑就是坐鐵道車滑到地底，開始一日的工作序幕，用火藥炸、用人工挖，坑道開到哪，鐵道就鋪到哪。他說，礦工大概是全世界最可以把自己弄髒的工作，人人都是白的進去黑的出來，那種黑，是全身烏漆嘛黑，只剩一雙眼睛還是白的透黑，回家前都要洗澡洗個三次才會乾淨，整個礦工專用浴室都是黑的。挖礦是極度高風險的工作，一有事故抬出來的幾乎都是死人，因此他做一年就不幹了，之後短暫時間，參加了專業插秧隊，到台灣各地如屏東、高雄、苗栗等地幫人家插秧，期間也有到屏東枋寮山區（即今浸水營古道周遭山區地帶）砍伐山木，過著拖木馬上下山的生活。

沒過多久，他又在別人的介紹之下，跑到高雄港展開全新的工作與生活——拆廢船，拆船是一件很好賺的工作，廢棄船隻中的馬達、鐵條、鐵板各式各樣的零件都可以賣錢。雖然如此，他仍覺得山上的生活，比起海邊更合他的意，住在海邊雖然賺錢賺得很快，天天可以吃到山珍海味，但山上涼爽的空氣、清幽沒汙染的環境，卻更讓他覺得自在，當一個拆船船工，一天的薪資雖然高達一千五百元，但都是辛苦錢，工作環境悶熱而且油汙染嚴重，鎮日都要與大火相處在一塊。在高雄港邊生活二十年後，他的港都人生，因為高雄港禁止拆廢船的法令公布，終於宣告終止，而自二十多歲就開始四處漂泊的人生，也告一個段落了。他回到家鄉旗山，花了一百萬買了五分地，重歸種田老本行，平靜的過生活至今。

他的種田歲月，剛好將他的人生前後對稱的框架了起來，成為一個完整的生命版圖。他種植的農作種類很多元，大小番茄、蘿蔔、水稻、香蕉、菜瓜、玉米、高麗菜應有盡有。他說，對於人生他很滿意了，從甚麼都沒有，到現在有家有地、有子有孫，現在的願望，就是希望身體能一直都健健康康的，能在家旁邊給神明幫忙（他現在是義民廟的廟公），不一定要活很久，但至少不要生甚麼到死前，得要死不活拖很久的慢性病。他笑著說，如果能健康終老，那真的是人生中最幸福的事了。

到了下午一點多，我多如牛毛的問題還沒問完，他終於受不了說肚子好餓，吃完飯再繼續聊，叫我一起來吃，因此我就很開心、很自動的跟進廟裡吃白食。他是吃番薯籤加上一點點點的白米、配上鹹魚與醬菜這樣長大的，而他現在吃的，除了那碗飯是整碗白花花的米之外，其他的其實也大同小異，當天的午餐是一大鍋香噴噴的白飯、一罐十塊錢、紅辣油黃豬油配色的醃筍子，還有一罐號稱是四川口味的紅通通豆腐乳，以及兩隻溪裡撈到的馬口魚，加七八隻重鹽爆香炒的溪蝦。他笑咪咪的對我說，飯你一半我一半、魚你一隻我一隻，飯後還有甜點，一罐只剩四分之一，已經沒氣了的黑松沙士，同樣也是他一半我一半。這樣形式的午餐我從來沒吃過，雖然那隻馬口魚的膽很不幸的破了，讓整隻魚苦到我咬都沒咬就直接吞，而那杯沒氣的沙士喝來像感冒糖漿，但我還是覺得，這實在是相當美味可口的一餐，因為裡頭添加了很多人情味做為香料，讓整體而言的菜色成為無價的美食。

看著坐在我旁邊的阿公吃的津津有味，一小坨豆腐乳就可以配上半碗飯，一碗飯如風捲殘雲般，沒兩下就掃蕩的一乾二淨。想起他勤儉一世人，相較於我這個生來就很好命的挑嘴死小孩，我扒了一口飯，嚼著嚼著滿嘴甜甜的米飯，心中不禁默默的提醒自己，惜福惜福。

【相遇小記】

那天到了義民廟，見到樹下有一群人在聊天，他們看我也拖了把椅子坐在一旁，就叫我快來喝茶，熱誠的問我打哪來？來幹嘛啊？一聽我正在收集故事，這些阿姨叔叔，就一致推薦裡頭年紀看來最大的阿公，說他人生故事最多最精采了，一定要問他！而這位阿公，也完全沒推拖的說，我的人生真的很坎坷，有時候想起來自己都想掉眼淚。

於是，阿公就開始說起自己的人生經歷，而他說的方式極度簡潔有力，就像一張完全不拖泥帶水的履歷表，幾歲到幾歲做甚麼事情，一一清楚交代，三分鐘結束一生，然後一副已經說完了的模樣，跟我說，嗯，大概就是這樣，你回去再整理整理喔！我傻了片刻，馬上喊卡，這樣不行啦！阿公你要跟我說一些當時的感覺，還有故事發生的細節，這樣寫成文章才有趣！阿公一臉困惑，不知道我在講甚麼，於是我就從他每個階段的人生，開始細細的問，一問好幾個鐘頭過去了。

那天從美濃走到旗尾的這間義民廟，實在很不想再走下去了，就算賴在廟裡好幾個鐘頭了，還是不想走，就問，阿公，這裡離旗山市區還要多久？阿公回說，還要很久喔！不然我載你去吧？聽到此等好消息，表面上雖故作鎮定，但實際上，心中正大聲歡呼著太──棒──了！超開心的坐上歐兜邁（摩托車）後座，阿公就騎著車上路了。一路上阿公就像導遊一樣，東指西指說著這裡是甚麼甚麼，那裡又有甚麼甚麼，還指了自家寫著汾陽堂的三合院跟我說，我就住這，以後你書寫好就是寄到這來，要記得喔！我在後座連聲說好好好，就這樣到了旗山橋旁，話別時倒是沒有十八相送的慘烈，而下次我們見面的時間，數來也挺快的，十二月我又來到了旗山，想為阿公多拍幾張照片。

沒想到去了義民廟，卻發現廟公不是我熟悉的阿公，一問才知阿公兩腳換了人工關節，回家休養去了，千里迢迢來到這裡的我豈肯就此罷休，立刻開始挨家挨戶的問，終於皇天不負苦心人的找到在自家番茄園裡，忙得焦頭爛額的阿公，看來身手矯健的很，不虧是全身上下充滿客家精神的正港台灣硬漢，人工關節算老幾呢！

我來幫它們沖水解凍！

來自三大洋截頭去尾的旗魚冰棒排排躺！
識魚高手！

屏東東港●旗魚大盤商

全東港最有價值的男人

幫旗魚「脱皮」也是門學問！

旗魚達人！

在肅殺的港口邊，我蹲在「禁止遊客入內」的拍賣市場門外，兩眼發直的盯著裡頭驚人的場景，他看到我時，明顯嚇一跳，問要做甚麼？於是我順勢闖了進去，與他攀談起來，他竟也樂於道出他的人生故事。剛入門時自然是事事都辛苦，要去搶生意、要去找自己的旗魚供應船、又要學習如何判斷旗魚的品質好壞，他認真的說，只要夠用心、夠勤奮努力，學幾個月，就會比別人學了好幾年還要精。

在屏東東港，賣魚時，豪豪邁邁的幾百條一字排開，條條都是比人高、比人重的大魚，如此壯觀的賣魚，一條魚萬把塊萬把塊的大鈔入帳，豈是菜市場中的小魚販幾十幾百塊的慢慢掙可比擬。而他就是這麼一個賣起魚來排場很大的旗魚魚販，這位先生，人稱全東港最有價值的男人，勤奮認真、賣力程度數一數二，曾是所有未婚女性心目中的好兒郎。雖然人家豎起大拇指稱道時，他在旁邊自我吐槽說那是二十五年前的事了，現在只是個糟老頭，但其勤勞的程度在鄉里間還是有目共睹的。

每一隻比我還高的旗魚，早在被漁船逮到後，即刻被去頭去尾去鰭，只剩下一個身體，被丟入漁船的貨櫃之中，運了回來。這些頭和屁股全被丟到海中餵魚餵蝦的旗魚，曾經在海中也是驃悍兇猛的獵食者吧！但現在的模樣已很難讓人想像，甚至完全不像一個已經死去的生命體，只是一個肉塊，前後被穿了繞成圓弧的塑膠繩或麻繩，上面貼著幾斤重的標籤。

在東港的旗魚拍賣市場，身為旗魚魚販的他，早在凌晨四點就已起床，忙著在冷凍櫃裡「指揮交通」，真的是指揮交通，因為旗魚的運送絕非人力可及，都要靠著山貓和大卡車，山貓來來回回的將今日要拍賣的旗魚，一次八九隻的倒在灰撲撲的水泥地上，他那幾個圍在一旁拿著彎鐮刀、穿著雨鞋的兒子就趕緊將地上倒成一堆的旗魚，用鐮刀拖著其上穿孔的繩子，像拖一個全世界最怪異的行李箱般，將它們一隻隻排成整整齊齊的一列又一列，如同剛從火藥庫中搬出來的大砲彈。

剛從冷凍櫃中被運出的旗魚肉塊，被整齊的羅列在水泥地上，場子中一片煙霧繚繞，安安靜靜的有如清晨起大霧的大海。走在排排旗魚間的走道，真像走在海面上一般，腳底板冰冰涼涼的，鼻子聞到的氣味，是一種冰冷的、來自海上的味道，一點也不腥，是海洋散發出的清香。他拉著一條超級長的水管，在旗魚道上來來回回的走動，用水沖那些硬梆梆的冷凍旗魚，水好像不用錢似的，整個早上從來沒關過，水泥地上溼漉漉的水流來流去，夾雜著白透白透、新月形的旗魚鱗片，人人拖著不同的旗魚，在他的指揮下煞有其事的東擺西放，來來回回，包裹在塑膠雨鞋中的雙腳，噗滋噗滋噗滋濺起水花，有一種我看不出來的規則。

東港的旗魚，多是用延繩釣在遠洋海域上逮到的，而常聽到的鏢旗魚，只有在特定地區會出現。專用來釣旗魚的那根主要、拖得長長的延繩，長度可從屏東拉到台中那麼遠，大約二三十個手臂寬的距離會綁一個長魚鉤。而遠洋漁船大多會在海上待好幾個月，若有轉載去接魚貨，甚至待更長的時間。他大手隨意的朝地板上今日要拍賣的百條旗魚揮了一下，說這些旗魚都是來自不同的地方，太平洋、大西洋、印度洋都有，一輩子可能見不到一次面，倒是沒頭沒尾之後大家才變成鄰居。

只剩下一個身體、就連所有魚鰭都被砍光光的旗魚，實在很難讓人分辨其到底是甚麼種類，但他就是有辦法一眼就明察秋毫，邊東指西指邊說，那是大西洋來的黑旗魚、那是印度洋來的白旗魚、那是太平洋來的芭蕉旗魚。光旗魚本身就分好幾種，諸如黑、白、紅、雨傘、芭蕉旗魚，而不同大洋中長大的旗魚，就算是相同的品種，長的也會不一樣，雖然他已經指著兩條同種類卻來自不同大洋的旗魚身體叫我比較，但我還是覺得兩者長得一模一樣。我猜，這大概是一種抽象氣質上的差異吧！移民美國第二代的台灣人，和在台灣土生土長長大的看來就是不一樣，大概是這意思吧！

等到擺滿旗魚的場子不再冒冷颼颼的白煙後，他拿了一把戳刀開始一隻一隻旗魚的往人家屁股上捅，那種俐落的狠勁，感覺那隻死去多時、正在排隊等投胎的旗魚，會痛到遠從鬼門關的彼方驚聲尖叫起來。刀子戳入旗魚的肉體，噗的一聲，下一秒就被用力得拔了出來，連帶拉出的是一小塊長長的肉，色澤是淺淺的皮膚色，帶有一些白絲般的花紋，晶瑩剔透的像水晶。只見他用手切磋琢磨、左捏右捏兩三下後，隨手就把那塊肉往地上一扔、從口袋中掏出用紅墨水著寫著「一品」的方形小紙，有的直接貼上魚肉、有的將方紙撕成兩半再貼上、有的則是直接忽略不貼紙，跟在他身後的人就會按照不同的分類，將旗魚用鐮刀拖到不同的地方，有做魚排、做生魚片、直接運到台北給海產店、繼續留在原地、給本地廠商拍賣的商品，或者再運回冷凍庫下次再賣的。

這種捏兩下魚肉，就可以判斷整隻旗魚優勝劣敗的獨門絕技，就是幹這行最重要的技能，要判斷肉質好壞、要知道市場行價，多估了沒人會跟你買、少估了就得含淚虧本做白工。而他並非一開始就入這一行，就讀東港海事學校時，學的是輪機修理，據他的說法，那是個「每天都會累得像條狗」的工作，因而又跑去跟大哥做魚丸等海產的食品加工，結果與老哥個性不合之下，離家出走到台北，每星期打電話回家一次告知家人自己還活著，輾轉幾年之後，才開始踏入旗魚大盤商的這個領域。剛入行時自然事事辛苦，搶生意、找自己的旗魚供應漁船、又要學習如何判斷旗魚的品質好壞，他認真的說，只要夠用心、夠勤奮努力，學幾個月就會比別人學了好幾年還要精，如今，他已是這一行做了二三十年的老手，一雙眼睛有著相當堅定的眼神，我想他的信念，一定是支持他走過那麼多個年頭、最重要的動力吧！

等待拍賣會開始前，那些要在拍賣會販售的旗魚，繼續靜悄悄的躺在地板上等待買主，其餘被挑起來要用做其他用途的旗魚，則開始一隻隻被大卸八塊。他拿著一把極為沉重的長方形殺魚刀，彎下腰來，開始幫每隻旗魚「脫皮」，真的是脫皮而不只是削鱗片而已，他用刀子直接把旗魚粗糙的外皮，連皮帶鱗像砍樹皮一般的直接削下來，沖水，交給其餘被他請來負責殺魚的人處理。殺魚師傅人人坐在小板凳上，身旁放了一個磨刀石，和好幾把式樣不同的刀，每次下刀切肉之前，他們拿刀的手部，都會先靈活的左右彎曲腕關節，將白晃晃的魚

旗魚拍賣會會場以及被買走的魚。

刀在磨刀石上左嘩右嘩兩刀，像蝴蝶飛舞，好比下刀前一個神聖的儀式，沒經過這道手續，魚肉就會硬的切不下去。旗魚魚大肉多，處理起來如同庖丁解牛，要對其肌理有充分了解，才能毫不費力且行雲流水的將之去骨散肉的支解，他在一旁頗有大老闆架式的吃著午飯，一邊閒閒的說著，會殺魚只是成為大魚商的超級基本工作，他已經脫離殺魚的苦日子啦！殺魚給別人殺，他負責賣魚就行。

十一點半拍賣會要開始了，場子上多位旗魚商人的魚貨都已整齊的排在地板上，負責主賣的漁會人員騎著摩托車來，拿了一個裝有號碼球的絨布袋，要在場的商人們抽，而我很榮幸的成為本日抽拍賣順序的人。沒多久，來買魚的十幾個買主陸續騎機車出現，拍賣會就正式開始啦！

那真的是我活到現在看過最奇妙的拍賣會。極其安靜無聲，每個人都拿著代表自己的方形小紙，紙上有不同色彩油墨印出的字，諸如「利」、「雄」、「龍」、「宇翔」、「虎」、「國」、「全」、「鳳文」、「明章」等等，全場只有主賣的那一個老阿伯在說話，他拿著一本厚厚的收據簿和一隻黑筆，用一種沒有起伏的單調音節、劈哩啪啦像不用換氣一般，說著大概是台語但沒一個字我聽得懂的魔咒，旁邊一人一步一趨緊跟，在每筆生意成交後，遞給他要在收據紙上蓋章的藍印章。其他十幾來個買魚的魚販，動作一致的一手拿戳刀，一手拿小方紙，每走到一條魚面前，就開始拿戳刀捅旗魚屁股，拉出一小塊魚肉以後就又捏又嚐，來判斷自己要出多少價碼買這條魚，搞的每隻旗魚屁股都是千瘡百孔的好不淒涼。

也不知道他們是靠眼神流轉還是甚麼心電感應，買主間沒有比誰大聲的喊價、沒有明顯的手勢動作、也沒有白花花的鈔票滿天飛，只有主賣老伯單調空洞的嗓音充斥在空間中，然後其中某個買主，就會腰一彎將自己的方紙貼在旗魚身上，片刻後，就有人拿著彎刀來把那隻旗魚拖走了。整場拍賣會像是一場我無法融入、像在另一個時空進行的神祕儀式——一群人圍著一隻隻沒頭沒尾的旗魚，一個人念咒語、其他人重複進行捅旗魚、捏魚肉、貼方紙的動作。

我問他，拍賣會上都說些甚麼，我一個字也聽不懂，他哈哈大笑說現在都改的非常白話啦！以前他剛入行時才真的像在念咒語，完全是鴨子聽雷，學了好久一段時間，才知道他們到底在說甚麼。

拍賣會結束之後，我問他對未來有甚麼夢想，他露出全天下父親都會有的擔憂臉孔，說當然是希望自己的兒子以後能夠好好做事、好好念書，不要好吃懶做啊，他很務實的告訴我，每個老爸老媽一定都希望自己的兒女成龍成鳳，但天底下哪有那麼多龍那麼多鳳的名額啊！所以，這個全東港最有價值的爸爸目前的夢想，不用兒子成為人中之龍，只要肯學肯做，就是他最大的安慰了。

【相遇小記】

那天我從屏東市搭客運去東港，因為一直很想看看傳說中金碧輝煌的東隆宮，到底長得怎樣一個金碧輝煌法，下車之後，東隆宮是看到了，確實有個金光閃閃瑞氣千條，足以把人閃瞎的牌樓，還有一艘超大的王船，然後我就繼續往港口邊走了。

一路上我看到每個人，說真的都還蠻恐怖的，膚色是長年在海上活動的黝黑，神情清一色極度肅殺，像驍勇善戰的沙場老將。走在街上，一個個穿著長筒雨鞋、汗衫、鴨舌帽、朝我迎面而來的當地人，總盯著我這個與東港氣息完全格格不入的死小鬼看，偶爾還有一群群更加烏漆抹黑的外籍勞工，提著刀坐在路邊殺魚，趁空檔冷眼瞪我一眼，所以，雖然只是隨意亂晃，但腳步還是有越走越快的趨勢。就這樣不知不覺走到了港口邊，這裡有著好幾個水泥搭建的拍賣市場，水泥地上攤放著成堆條條比人還大的大型遠洋魚類，地上有水流來流去，整個場地溼滑一片，還有成堆銀白色的新月狀魚鱗，我就是在這裡看到人稱「東港最有價值的男人」。

因為場地的牆壁上，明確的寫著「禁止遊客入內」，我就在場地的邊緣晃來晃去、兼探頭探腦，雙眼直直瞧著場子內數百條大魚被殺被剮、拖來拖去的浩大場面，就在我蹲在一旁看得兩眼都發直時，他拿了條大水管邊沖著一條條旗魚，幫牠們解凍，邊朝我走過來，看到我時明顯嚇一跳，問有甚麼事啊，於是我就把握這難得的機會，順勢走進場子裡開始攀談。

簡單閒聊幾句不著邊際的問題，諸如，哇，叔叔真辛苦啊！哇，叔叔好厲害啊！這麼多旗魚！之後，我就自我介紹並說明來意，他一聽就說好啊！他可以跟我說他的人生故事，又聽說我住淡水，就說，我兒子今年也要去淡水讀大學耶，讀真理大學，你住淡水要好好照顧他！我說好啊，他又問，真理大學是不是很爛？我尷尬的笑說，不會啦！他們學校很漂亮喔！結果，他用鼻子哼了一聲，說學校漂亮有個屁用，去那裏混四年還不如跟我學賣魚，賺的還比較多！確實，賣旗魚一個月可以賺超多，當上大學教授，說不定都沒有賣旗魚一個月賺得多，我心裡也覺得自己應該也被他罵入內了，乾脆也來賣旗魚好了……

訪問結束時，他請我吃一支紅豆牛奶冰棒，外加一杯提神飲料。在這個烈陽高照的豔陽天，我吃著最有價值男人請的最有價值紅豆冰棒，邊在放了很多「旗魚冰棒」、冷氣飄渺的拍賣場裡走來走去，冰冰涼涼的，我猜，可能比直接跳到眼前的大海裡還要消暑呢！

屏東市●剉冰店老闆娘

南台灣小太陽

剉冰是台灣的國寶！
紅豆、綠豆、圓仔、芋圓……正港台灣好料！
黑糖漿甜蜜的滋味，一吃就上癮！
甜！
鬆！

這次我自己一個人回到屏東，騎著阿嬤的腳踏車，大街小巷亂逛，赫然發現了一家新開的剉冰店，一問才知原來這位老闆娘，是之前常吃那家冰店老闆的小妹，結果她一聽我想寫關於她的故事，馬上露出太陽般燦爛的笑臉說，好啊！歡迎歡迎，都跟你說啊！她的生命歷程，就像是一碗白白淨淨只裝碎冰的大碗公，隨著成長，漸漸被添入了紅豆綠豆燕麥，又或是花生粉圓芋圓，豐富澎湃得很呢。或許有時，仍會有不小心掉下的眼淚，讓剉冰中添加了幾口鹹鹹的滋味，但不論如何，剉冰製作的最後一道程序，不都會淋上一匙甜蜜蜜的黑糖漿嗎？

她是一個誕生在國境之南的人。南國地帶人該有的氣質，她樣樣具備，不該有的，她一樣也沒有多。她熱愛一片晴空萬里的豔陽天、陣陣充滿各種濃郁味道的熱風；她就像島嶼南方晒得黝黑的人，天天像比賽誰牙齒白一樣的笑著。而她們家的家傳事業，也相當完美的和這一片南國風情相互呼應——她們家是賣剉冰的。

剉冰賣的當然不會只有冰，決勝關鍵，還是在於各式各樣的配料。比起日本加了一堆紅、橙、黃、綠、藍、靛、紫，要甚麼色就有甚麼色的人工香料剉冰，又或是中國多只有冰棍、冰淇淋撐場面的貧乏，台灣的剉冰自有其不可動搖、傲視群倫的傑出地位。它的配料千千萬萬種，粉粿、湯圓、芋圓、地瓜圓、脆圓、冷凍芋、珍珠粉圓、蒟蒻、仙草、愛玉、粉條、米苔目、杏仁粿、布丁、花生、紅豆、綠豆、花豆、麥角、燕麥、白木耳、蓮子、蜜餞、鳳梨、芒果、煉乳、雞蛋，樣樣都是台灣正港剉冰該有的好料。

她的母親是台南佳里人，有一個和菓子師傅的日本乾爸爸，母親從小就從自己的乾爹身上習得了做甜品的一身好手藝。日治時期結束以後，乾爹被遣送回日本，母親也嫁給了務農的父親，自己在家無聊，就開始以日本和菓子製作的手法，弄起了充滿台灣本土風情的剉冰配料，做好再批發給賣剉冰的人家。她說，做剉冰料超級麻煩，一定要全家總動員，才可能完成那麼多種類的配料，光是一個地瓜粉，就可以變出芋圓、脆圓、粉粿、粉條一大堆成品，因此家裡所有人，每個都被叫來，熬綠豆洗愛玉，只有她種田的老爸死不屈服自己老婆的批發事業，堅持天天都要去做農就是不要在家做粉粿。

她對小時候的記憶，已經完全和各式剉冰的配料攪合在一起，家裡每天都有數十種的配料要製作，以前科技不發達時，做甚麼都是土法煉鋼，做湯圓要從用石臼磨白米開始，做愛玉要從刮愛玉籽表皮的毛著手，每樣食材要變做成品，都要五、六小時的時間，家裡的兄弟姊妹天天都在進行「分組活動」，大姐二姐一個熬綠豆一個煮紅豆、大哥小弟揉地瓜粉做脆圓，而她因為是家裡最小的孩子，最沒有力氣，好大一鍋熬著滿是地瓜粉、用來做粉粿的材料，她連用長木棍攪個半圈都有困難，所以，她永遠都是撿柴火、顧火爐的那一個。

國小畢業那年，舉家從台南搬到屏東，改做單純賣剉冰的小生意，生意好得不得了，她們家的小孩全忙到沒空去上學，一天就得舀上幾千碗的剉冰料，家裡一堆姊妹全派上用場，大家都來幫忙賣剉冰。後來她們家的冰，改成更有特色的經營方式，讓客人自己舀喜歡的配料，用稱重的方式算錢，生意越發的好，直到今日，經營四十多年的剉冰店，早已成為每個屏東人對家鄉記憶的一環。而她也就這樣賣冰賣著賣著，轉眼間長大嫁人了。

在她的生命過程中，並不是一直待在台灣的南部。四十多歲時，終於受不了好吃懶做、電視上播的所有壞事都有他一份的丈夫，跟著北上讀大學的兒子逃到台北。去台北前夕，一堆親朋好友警告她，說台北很可怕、人都很冷淡，但真的去了以後，卻沒有這樣的感覺，總覺得台北仍然是台灣的一部分，她對家鄉的概念並不是只有南國的範圍，而是整個台灣，因此到了那裡仍然覺得自己是在家鄉。

她幫台北人平反申冤，說台北住的並不是一群不知民間疾苦、眼睛長在頭頂的天龍人，他們也是有血有肉的台灣人啊！南部人總會妖魔化北部人，她笑著說，沒那麼誇張啦！雖然南部人要在台北立足並不容易，但台北並不是一個會讓她想要趕快逃離的地方。在那個南國人口中妖魔亂竄、又溼又冷的地方，她可是被那些在南部人眼中，活似住在鬼域中的台北人稱為「南部小太陽」的超熱情阿姨呢。但是話雖那麼說，屏東和台北仍然有幾千里的距離，她離鄉背景的跟著兒子，到了這個好像是雨不停國的陰鬱溼冷地帶，一切還是陌生的，天氣好像從沒放晴的時候。她靦腆的說，很好笑吧！我一個四十多歲的人剛來時還哭得唏哩嘩啦的想回屏東呢！

來台北工作，她做的仍是自己的老本行，賣甜品。像一個現代游牧民族一般，天天到處跑，時常換地方，一日趕場好幾攤，她兩眼圓睜大聲的說，厚～那時當地的警察簡直是和我槓上了，我在哪邊出現，他就會神奇的現身來給我開罰單。大致而言，她有時在東門市場、木柵的菜市場出沒，有時又會在通化街夜市、師大夜市現蹤，都賣著綠豆湯、綠豆蒜、紅豆薏仁粥等好吃的東西。做這一行，就是以時間換錢的工作，南部人要在北部生存，一定要特別勤奮，台北房租貴、吃飯貴，甚麼都貴，天氣又爛的要命，讓人心情差，她一輩子沒到過那麼冷的地方，冬季時天天都穿三件褲子到處跑，真是台北居大不易。她感覺自己在台北的生活步調很快，因為生活壓力很大，會一直想出去賺錢，閒下來就會有罪惡感。

這樣的生活過了快十年後，她沒路用的丈夫終於永遠離開了她的生活，終於，她又可以回到那個打從心裡鍾愛的屏東小城，從小成長的第二家鄉。回家後，她租店面開了家剉冰店，同樣是讓客人自己舀冰的運作模式，她在店裡總是停不下來，像一隻雀躍的小鳥，非得要在店中東奔西跑得團團轉，才能夠釋放全身興高采烈的能量，這邊才剛洗起了一顆顆大芋頭，那邊又開始擦拭放剉冰料的鐵桌，忙的一刻也不得閒，但她笑哈哈的說，在這裡很快樂，她鍾愛屏東，就如同自己的生命一般，親人都住在附近，眼前所見盡是她熱愛的景象，屏東市區幾十年來一直都沒有變，同樣熱呼呼的風、同樣火辣辣到讓人睜不開眼的豔陽、同樣樸實的街道巷弄、同樣可愛熱忱的人。真要說對屏東的感情，到底放在屏東的哪一個特質上，也說不上來，但這裡，就是讓她自在舒服的地方，一個心中永遠魂牽夢連的夢中天堂。她又開心的補充，她最愛屏東的一點，就是監理站就在家旁邊，因為她是個天生少根筋的人，一天到晚被開交通罰單，每次去繳罰錢只要散步就到，超級方便！

她的草根性很強，離不開台灣的土地，而她煮出來的食物，同樣和台灣黏得化不開。她對餐飲烹飪有很大的熱情，做甜品做了一世人，對每樣食物的來歷與營養價值都瞭若指掌，每樣她煮出來的東西都像自己的小孩，彼此間有著深厚的感情，她很愛下廚，也很愛創新研發新甜品，她總說做人不要故步自封，老天給我們那多食物，就是要會去使用，像綠豆是最便宜的解毒劑，她外公以前在當江湖郎中時，都是拿綠豆磨成粉當成救命藥丸呢。

她的生命歷程，就像是一碗白白淨淨只裝碎冰的大碗公，隨著成長的過程中，漸漸被添入了紅豆、綠豆、燕麥，又或是花生、粉圓、芋圓，豐富澎湃得很呢。或許有時，仍會有不小心掉下的眼淚，讓剉冰中添加了幾口鹹鹹的滋味，但不論如何，剉冰製作的最後一道程序，不都會淋上一匙甜蜜蜜的黑糖漿嗎？

【相遇小記】

我的父母都是正港的屏東人，而不論父親或母親，都是兄弟姊妹中，離家最遠的那一個「不孝子孫」，來了台北以後就不回家去了，還一跑就從台灣最南方的屏東，直接衝到最北方、每次最低溫都在此現身的小鎮——淡水，而我對於屏東的記憶與情感，則是構築於從出生開始，每一年寒暑假全家開車，千里迢迢的「返鄉之旅」。

每年回屏東，父親總會帶我去吃一家可以自己挖料，最後再秤重算錢的剉冰店，然後坐在路邊吃著冰到心坎的剉冰，邊跟我說他的青春歲月，諸如以前國中高中的時候，都會來這邊吃剉冰；或是年輕時，跟屏東女中的女生怎樣又怎樣，當年多有女人緣；攝影比賽都得第一名之類的豐功偉業，因此，我對於這家自己挖料剉冰店的空間體驗，一直很有「歷史感」。

這次我自己一個人回到屏東，發現的剉冰店，經營模式同樣也是自己挖料，但老闆卻不是我熟悉的那個人時，立刻下車進店一探究竟，一問才知原來這位老闆娘，是之前那家冰店老闆的最小妹妹，她一聽我要寫關於她的故事，馬上露出太陽般燦爛的笑臉，又聽到我會把她的故事寄給她過目，又一臉驚訝的說，有這麼好的事啊！就這樣我知道一個「剉冰家族史」，回家之後跟老爸說起這件事，他說，下次回去，由我帶路，帶他這位離鄉三十年有餘的老屏東人，去看看我看到的屏東。

台東大武●排灣老婦

當一切都很好

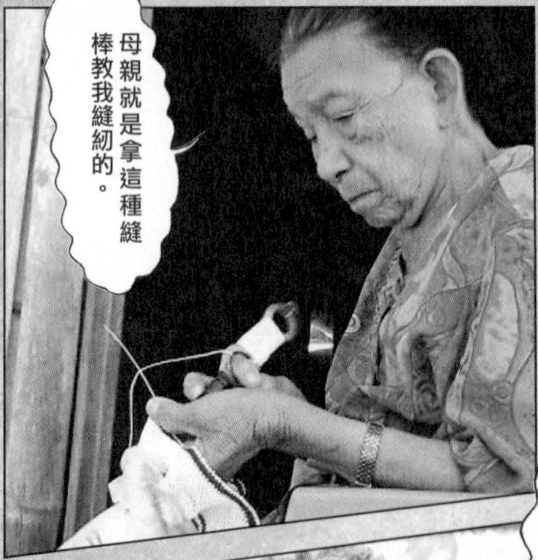

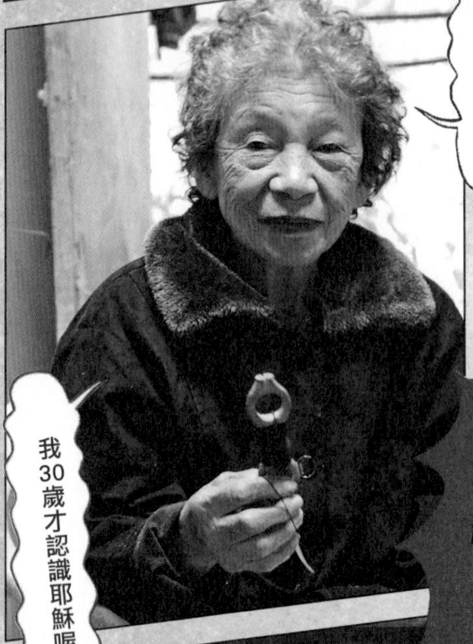
呵呵呵呵呵～
馬英九很帥啊～
呵呵呵呵～

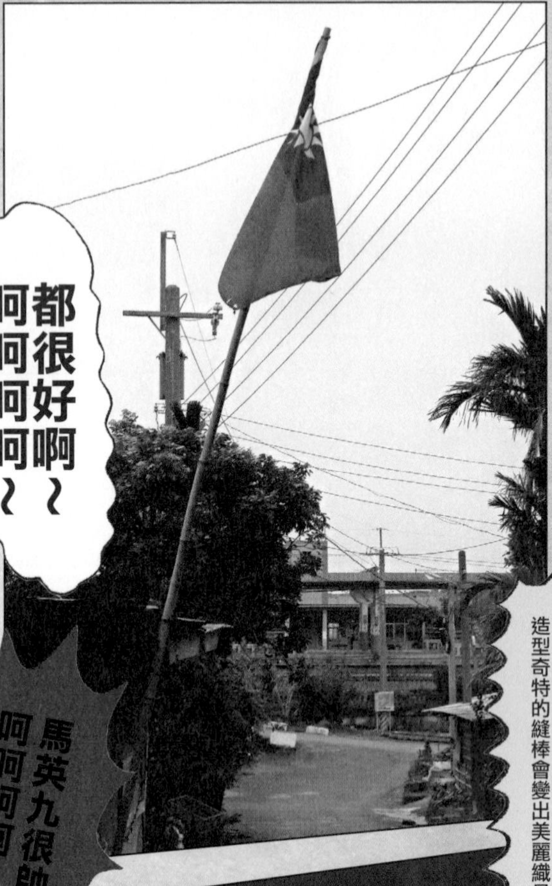

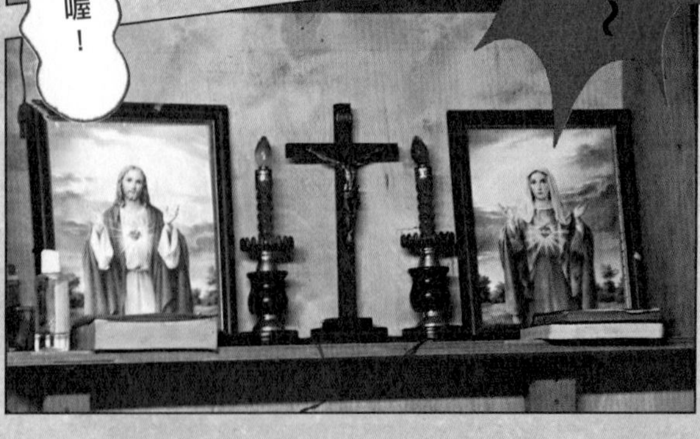

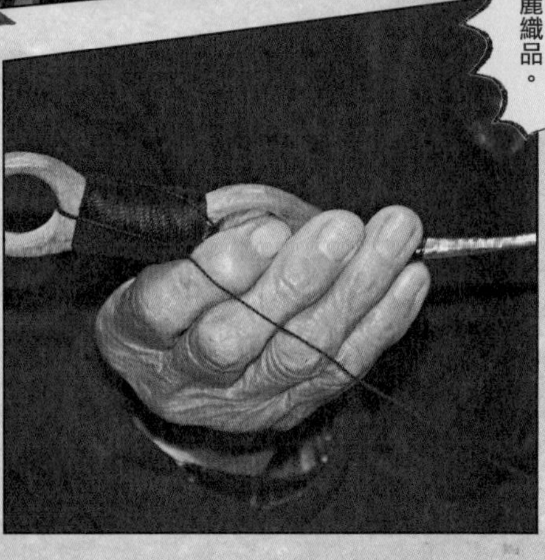

誤以為從屏東到台東，要在大武換車，結果，誤闖了附近的大鳥村，心裡想著這個名字也太神奇，就循著告示牌往下走去，接著就被這位坐在自家門口的排灣阿嬤吸引，開始了我們比手畫腳的對話。不知道是沒聽到還是聽不懂，亦或是原住民式閃問題的智慧，她先是淡笑不語，不理我，只專注縫小布袋，過了片刻才小聲說，我是國民黨的喔！我問你為甚麼是國民黨啊，她用一種慧黠的眼神戲謔的瞄了我一眼，那個眼神啊，簡直讓她瞬間年輕數十歲，然後竟話鋒一轉反問，那你是民進黨的嗎？我一聽完她的問題馬上忍不住的哈哈哈哈狂笑起來。

當她說國語的時候，口頭禪是「很好啊」，這三個字由她說來特別的俏皮有趣，她的重音會放在「好」上面，用很重的四聲去發這個音，「很」像蝴蝶一般輕輕的飛過去，再用「啊」蜻蜓點水的收尾，這樣獨特美麗腔調，洩漏了她身上流的血液，是屬於一個古老的部族——排灣族人的血統。

她的身世以一般的標準來看，絕對稱不上「很好啊」三個字，她是家中排行第二的孩子，上有一姐下有一弟，父母很早就因為意外過世，三姐弟皆由阿姨養大，父母逝後，她就再也沒去上學。十六歲那年，她的部落在日本警察強硬要求之下，由深山一個排灣族語稱為wa guan的地方遷到平地，而在那之前住在山裡的生活，就是「沒水、沒電、離學校超遠」三個詞一以概括之，住竹木屋、要水得到溪中挑、天黑得點油燈、要吃得自己種，上學要赤腳走上數個鐘頭。

在那個年代，部落裡有人小學三年級就結婚，而她是到二十歲那年，阿姨不想養她了才訂了門親事，因此她表示自己從來沒有男朋友，只有先生，幸運的是她與丈夫之間感情融洽，不幸的是丈夫五年後便過世了，留下四個女兒讓她下半生過得「一點也不無聊」。她從沒長時間離開過大武鄉，不過也曾經去過台北吃「味道很奇怪的鹽酥雞」，以及去動物園「看動物」，我反問她，在山上看得還不夠多嗎？她就開始笑了起來，她的笑法同樣獨具個人特色。她是一個講話很慢、細聲細氣的老阿嬤，和她說話經常無法用眼睛與之對視，而得把一邊的耳朵湊到她嘴巴前，才能夠聽清楚她細聲吐出來的每句話；笑起來，同樣維持一貫文靜的調調，臉上的皺紋會不可思議的全擠在一塊，小嘴微開，從喉嚨深處發出呵呵呵呵的聲音，當然，同樣是很細微的聲音，剛開始我還以為是她的喉嚨有痰在咳嗽，好幾次以後才知道原來她是在笑。

她一輩子都住在大鳥部落，不喜歡人多的地方，年輕時如此，老了亦然。五點起床吃完早飯後，八點上山走兩小時山路到田中工作，下午回家，但因為她的心臟很不好，每個月都要去台東市看醫生，兩個嫁去桃園大溪的女兒，老要她搬去和她們一起住。但她很有女中豪傑架勢的說，煩都煩死了，住在這裡多自在，平時就吃自己種的芋頭、地瓜、小米、生薑，有時也去山裡採山蘇等野菜，部落裡的年輕人有時也會送來山豬、山羊、山羌肉，還有她從來不敢吃的da nu qi，她比了半天才讓我猜到她是在說飛鼠。其實她也養了一窩雞，但她笑著說，從年輕到現在，除了a qu mi敢殺之外，她對任何動物都敢吃不敢殺，因此雞都是叫人家幫忙殺的。至於a qu mi是什麼動物？隨著她的身體左右扭一下，讓人很快猜到是蛇。

之所以會與她說上話，是因為那個早晨，我偶經過她居住的那條小路上，她恰巧坐在自家門口拿了一個造型奇特的縫棒，全神貫注的縫著一個藍白相間的美麗布袋子，而那縫棒獨一無二的造型，讓我不禁駐足，蹲在她身旁看了個老半天，她看了我一眼，也沒問這是誰來幹嘛，就叫路過的小孩搬了一張椅子叫我坐，親切的不像一個住在這麼荒山之中、鎮日沒半個人經過地方的鄉野之婦，反倒像個雍容大度的總統夫人。

她握在手中的縫棒，由質地很輕的黃綠色木頭製成、有著雕刻出來的兩個橢圓孔，其上用黑膠帶綑了一隻小山羊角，她說，母親就是拿這種縫棒教她縫紉的，使用時只要將兩根手指穿入橢圓孔中，用山羊角的角尖勾著麻線，在線與線間穿插交錯，一個個精美的袋子、一件件美麗的衣裳就會誕生於手中。而她數十年的功力，就展現於我眼前——只見她兩手靈活的在線與線間飛舞，直看得我目瞪口呆。除了那個很吸睛的縫棒，她身旁的許多東西都在在引起我的興趣，最具衝擊性的，就是家門口旁，插了一根青天白日滿地紅的國旗。

我問為甚麼要插了一根國旗在這邊，她呵呵呵笑著說，那是部落的小朋友弄的，國旗很好啊！我心想，怎麼可以又給你呵呵呵呵笑著瞞混過去，你已經用呵呵呵的方式「回答」了我許多問題了耶！於是我又問，你不會覺得很莫名其妙嗎？平地人又不是排灣族人，拿了一個自己畫的國旗，要你掛你就掛？不知道是沒聽到還是聽不懂，亦或是原住民式閃問題的智慧，她淡笑不語，不理我，只專注縫小布袋，過了片刻才小聲說，我是國民黨的喔！我問你為甚麼是國民黨啊，她用一種慧黠的眼神戲謔的瞄了我一眼，那個眼神啊，簡直讓她瞬間年輕數十歲，然後竟話鋒一轉反問，那你是民進黨的嗎？我一聽，馬上忍不住的哈哈哈哈狂笑起來，她一聽我笑，也咯咯咯的笑了起來說，我老人家哪知道甚麼國民黨、民進黨，反正都很好啊！然後又天外飛來一筆的補了一句，馬英九很帥啊！這真是一段莫名其妙但細想起來卻很耐人尋味的對話。

除了國旗，她那由竹子木頭搭建起來的客廳，由門外一眼就可以看見牆上釘了一個小神龕，類似道教的神位，其上擺放了兩張框了金框、有點褪色的彩色圖片，一個是耶穌，另一個是瑪利亞，除此，還有兩根紅通通的長蠟燭。她說她三十歲時才認識耶穌，我說你怎麼認識他的，路上遇到的啊？她就又呵呵呵的笑了起來，不理會我隨便亂講話，回說是跟人家去教堂裡認識的，但她根本聽不懂那些美國傳教士在說些甚麼，也聽不太懂國語，是族人用排灣族話解說後，自己才認識耶穌的，認識之後她就可以自己跟他說話了，一直以來，她都是獨自跟耶穌打交道的。

我問她都跟耶穌說些甚麼，她又發笑，說還不就那些，希望健康平安、快樂開心，我說你同樣的話說了四十七年，耶穌會不會很煩啊，這次她終於使出大絕招——呵呵呵笑，然後完全不理我了，不過我一點都不怪她。過了半晌，她問我，你說，是天主教先來還是基督教先來台灣的啊？我驚訝的笑了起來，說你為甚麼要問這個，她說總要搞清楚吧，我一個老人不知道所以問你啊！結果我就從荷蘭、西班牙人殖民台灣的陳年舊事開始說起，老師病發作般滔滔不絕的說了好久，也不知道她到底有沒有聽懂。

她很愛吃檳榔，腳邊的小垃圾桶滿是「血跡斑斑」，活像剛剛有個肺癆末期病人在附近出沒似的，而連她吃檳榔的方式，也可以讓我看得目不轉睛，她縫小袋子縫到一半，就把它往地上一擯，再彎身拿起了一個塑膠小盆子，邊碎念著，嘴巴好無聊，邊拿了一把生鏽的小鐮刀，將盆中一顆孤零零的檳榔剖成兩半，再從塑膠封口袋中抽出一片荖葉，用小刀子將之切成長條狀，隨即打開盆中一罐白白的石灰罐，用刀尖挑了一點石灰出來抹在葉片上後，將之快速捲起放在檳榔上送入口中，見我圓睜著眼死盯著看，她露出牙縫紅紅的兩排牙齒笑問我，你要吃嗎？我問好吃嗎？是甚麼味道？不知道又戳中了她甚麼笑點，她開始笑個不停，說哪有甚麼味道，就只是嘴巴無聊而已，回答完，她忍不住又笑了起來。

我又問她的排灣名字叫甚麼？她繼續笑個不停，說叫 *ga luyi*，我問她那是甚麼意思，結果再度引來她的一陣笑。大概是小說看太多被洗腦，我總以為全世界的民族取名字時，都會取一些意思是月亮、花朵、星星之類的美麗名字，她卻在她終於笑完後，說出了一大串排灣族名字反駁我，說這些名字都沒有意思啊，就只是個人名而已，說完又笑了起來，看來我這個蠢蛋真的給她帶來相當多的樂趣。

她和我說話時，最常說的除了「很好啊」之外，大概就是「我不會說國語」和「我不知道那該怎麼說」，有時她說到高興處，還會自動變換為劈哩啪啦的排灣族話，然後莫名其妙笑了起來，好像我天生就該懂排灣話似的，我也只好哈哈哈的陪著一起笑，雖然連我自己都不知道自己到底在笑些甚麼。

就我的感覺，她的國語已經說得很好了，但她仍稱自己日語說得比國語好很多，因為不同原住民之間語言不同，以前都是用日治時期學來的日語溝通的，所以有很多機會可以練日文。但其實除了語言，人與人之間的溝通方式，還有成千上萬種，而且有時比語言的溝通更有效，或許是笑容，或許是像她不知道某個東西的國語怎樣講時，就比動作外加口中發出音效給我看、讓我猜，那時我們兩個坐在馬路旁一棟竹屋門口，簡直像在上綜藝節目玩我猜我猜我猜猜猜一樣，笑果十足。她說話時，手上也不停的縫著小袋子，我心想，她那麼擅長排灣族傳統的針線，說不定也很會唱排灣族歌曲，就開口向她討教，問她能不能教我，結果她笑了起來，說忘光了，叫我唱給她聽，然後又附加一句，你再往山上繼續走，那邊有一個歐巴桑很會說國語，也很會講排灣族故事和唱歌，你去問她。我撒嬌般的跟她說，可是我賴定妳了耶！結果她又發出招牌的呵呵呵笑了。

可能是因為年老的關係，她有雙虹膜外圈呈現灰藍、而中間是淺褐的漂亮大眼睛。雖然外表看不出來，但總覺得她是一個樂天知命的排灣族阿嬤，自有一套看事情的幽默態度，再怎麼不如意的事她都可以用俏皮的「很好啊」三字，輕描淡寫的寬容帶過，如她那由木頭與竹子和鐵皮混搭風格蓋成的小屋子，因為蓋到一半沒錢了，只好就這麼只蓋一半，她說到這事也可以呵呵呵的笑，好像這是全天下最好笑的笑話一般。

台灣雖然不長，但迭宕起伏的複雜歷史，在她身上顯露無遺，她雖是一個與世無爭住在台東偏鄉的排灣族婦女，但各種外力卻在在於她身上印下痕跡，除了排灣母語，她會說國語與日語；在傳統的排灣竹屋中，有國旗和耶穌出沒，雖然她蝸居在台東這個小小部落，但人生經歷也真是夠精采的了。

我問她，年輕時有沒有甚麼夢想，她雲淡風輕的說，忘記了，如同歷史洪流滾滾向新時代前進，許多事情，也就這麼被忘記了，或許這才是最聰明的吧。

那天是個尋常的八月天早晨，蟬聲震天響，四周綠樹成蔭，雖然因為部落裡有戶人家在蓋房，不時有砂石車從我和她肩膀邊呼嘯而過（那條路真的很窄），濺得我倆滿身塵土、外加滿鼻子的廢氣味，但對我而言，這實在是個難以忘記的早晨，如我離去時她所言，有空再來找我玩，我想將來我還會來到這裡，和阿嬤說上一整天雖然有時不知所云、常常得比手畫腳，但卻樂趣無窮的話。

【相遇小記】

我從來沒有搭火車走南迴鐵路去台東的經驗。要搭到哪一站、或是站跟站之間的先後順序，也完全沒有概念，在屏東買票時，我一直以為一定要先坐到大武，再換車才會抵達台東市之類的地方（這到底是打哪來的詭異刻板印象我也說不上來），所以就只買到大武的車票。結果到了大武，下車的人加上我只有兩個，其他旅客都老神在在的坐在位置上，完全沒動靜，當下就知道我又做了件蠢事。

按照我的原先計畫，預計是要到鹿野過夜的，所以就跑去大武車站的售票亭，說要買到鹿野的票，結果，下班車要四小時後才會來，於是，我就把背包寄放在車站，出去閒逛了。看著路上的指標說附近有個大鳥村，心裡想著這個名字也太神奇，就循著告示牌往大鳥村走。部落裡沒甚麼人，走在裡頭有種闖入人家家裡的感覺，而且還真被一個開著警車路過的山地警察攔下盤問，你有甚麼事嗎？我說沒事啦，我是搭錯車才來晃晃，等下班車來的，他才放我通行。結果這一幕全被一個經過的小男孩瞧見了，他沒聽到車裡警察跟我說了些甚麼，居然問，那個人是你老公嗎？我說，幹嘛？你要娶我啊？結果他居然回了一句，好啊，你蠻漂亮的啊！聽了差點沒笑死，而我居然被一個小男生搭訕了還很高興，這是不是邁入歐巴桑的第一步啊。

小男孩跟在我旁邊，繼續跟我「搭訕」，盤問本小姐的家世背景，走著走著，就看到老阿嬤，我蹲在一旁瞧她縫著小袋子，而對那個要娶我的小男孩而言，這只是一幕他從小習慣了的生活場景，自然沒甚麼稀奇，於是丟下一句，他要去找朋友玩，就跑的不見蹤影了，留下我看著老阿嬤用一種亙古不變的姿勢穿針引線，那個由母親的母親，以至於無數個母親，代代傳承下來的技藝。

台東鹿野●蝴蝶復育員

當蝴蝶與榕樹相遇

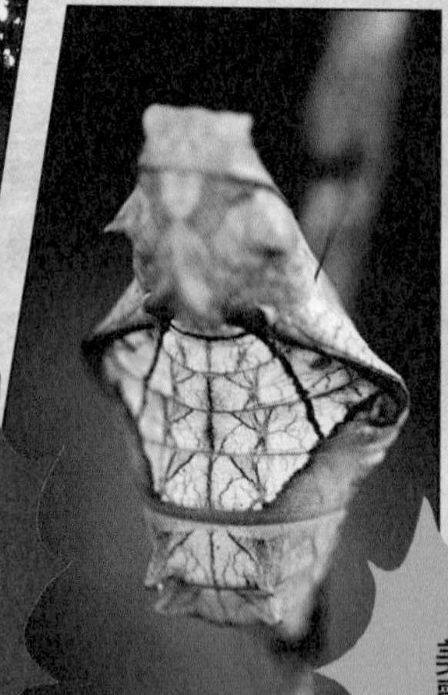

民宿老闆載大家去鹿野高台看熱氣球。途中和老闆說起我的計畫，老闆說，我們這裡人才很多，要不等下我就載你去其中一個養蝴蝶的人家，你去採訪他好了？於是我就認識了這位養蝴蝶的老先生。當蝴蝶與榕樹相遇，能發生甚麼事情呢？他現在的夢想，就是營造出一條縱貫社區的蝴蝶生態廊道，廊道上種滿蝴蝶喜歡的各式植物，將社區打造成一塊人蝶和平共處、共存共榮的美麗淨土，並在廊道最終，引導通向屬於社區精神象徵的大榕樹下，讓來到這裡的所有人，都能在大樹下或坐或躺的乘涼休息，聽聽那個他所引以為傲的家鄉，曾經發生過、未來將要發生的今昔故事。

台灣總共有四百二十種蝴蝶，而台東就擁有兩百五十種，蝴蝶不可不謂台東的珍貴寶貝！

這位號稱是家裡蹲大學畢業的老先生，滿臉認真的走在我的前方，兩手東指西指的講解，這是甚麼草、那是甚麼花、這個哪些蝴蝶愛吃、那個哪些毛毛蟲喜歡啃……老先生位在鹿野河階地上的家，種滿了各式各樣蝴蝶喜歡吃的美食，雖然一眼掃過他的「花園」，似乎看來雜草叢生，但蝴蝶天生就是喜歡亂糟糟一片的環境，越雜亂，就越有隱藏自己、躲避天敵的空間，所以他是故意選擇所謂的「野性混搭」風格，來營造蝴蝶專屬花園。

他從五十歲出頭開始玩蝴蝶，成為台東的蝴蝶復育保育員，不過，他與蝴蝶的一段情緣，還要再往前推個二、三十年以上。座落在狹長花東縱谷中，靠近中央山脈一側的鹿野，近山的環境使它擁有許多豐富的山地資源，在他的記憶中，小時候有許多商人都會來到鹿野的田間小路，如同歌曲「酒矸倘賣嘸」一般沿路叫喊收購商品，不過他們收購的絕對不會是酒矸，而是諸如可以當成中藥的蠶殼、用來做飛機機油的蓖麻種籽，而蝴蝶更是其中的大宗。那是台灣正以蝴蝶王國聞名國際的時期，而與其說是蝴蝶王國，倒不如說是蝴蝶的斷頭台更為恰當。

他們村裡的小孩，包括他，為了賺個幾毛零用錢，好到雜貨店買比路邊撿就有的烏鴉毽好玩許多的七彩琉璃彈珠，夏季時可是人手一只捕蝶網，就在山林荒野、田間小徑間瘋狂的對著蝴蝶又撈又抓，一逮到就馬上捏死，避免蝶粉剝落使蝶翼上的花紋遭到損傷，而越斑斕的花色、越巨大的體型，賣到的錢就越多。這些失去生命的蝶翼，將永遠離開生牠養牠的台灣山林，被做成標本與蝶翼畫行銷國際。這樣濫無節制的捕抓，再多的蝴蝶也有抓完的一天，以致現今的蝴蝶數量，比起他小時後不知道少了多少，而現在的他，也不再是蝴蝶的捕獵手，而是對保育蝴蝶貢獻心力的復育員。

但從小時候的捕蝶手到現在成台東蝴蝶的守護者，他也走過一條曲折的路。國小畢業那年，尚未滿十三歲，他獨自離開家鄉，到桃園當修車學徒，三年四個月學成出師之後，短暫的回家當修車的黑手兼務農的綠手指，但沒過多久，又跑到台北混了數年光陰，直到經濟狀況無法維繫，才又回到了台東。

回到自己的家鄉，應該做些甚麼維生呢？最後他選擇從事檳榔批發，那時是民國七十年代左右，台灣檳榔產業正大紅大紫，台東產銷的檳榔，可以補足西部地區檳榔供應間斷時期不足，因而有著相當豐厚的利潤。檳榔的批發事業以晚上為主要的工作時段，因此早上有很多空閒的時間，可以從事自己喜歡的活動。在這一塊事業賺了不少錢後，他又把算盤打到其他事業之上，想說檳榔樹下如此空曠，不如來養雞賺錢，於是，五萬隻特殊品種的「戰鬥雞」，就這麼進駐到他的檳榔園中，沒想到，太過好高騖遠而慘遭投資失敗。雖然為了營生，繼續從事檳榔批發事業，但心情不免低落，因此，有一年的時間，他每天跑到台東海邊海釣療傷，但海釣很燒錢，最後只好停止這種高投資的療傷活動。

沒去海釣後，早上的空閒時間，他改去活動中心泡茶。因緣際會之下，漸漸的接了很多社區事務來做，包括擔任社區發展協會成員、關懷社區老人活動志工、社區文物館館主、廟公等等。在他的許多志工職務中，最讓他樂在其中的，或許就是蝴蝶保育員的工作吧。

二十八到三十度的溫度，是蝴蝶最喜歡的氣溫，因此每到夏天，就是蝴蝶成群飛舞的時候，蝴蝶像是住在山裡面的山地人，偶爾才會出來閒逛吃花蜜，牠們大致可分為在地型以及遷移型兩種類別，若要在居於平原地帶的自家觀賞到漫天彩蝶飛舞，就要用食草、蜜源將牠們由山中吸引出來，除此之外，少用農藥也是重要的關鍵之一。他說，玩蝴蝶的人，就有責任要去保護、理解牠們，而越瞭解就越會發現，原來蝴蝶是如此迷人的一群生物。保育員要做的工作其實不少，因為不同季節就會有不同種類的蝴蝶，因此經常都需要沿著特定路線，定期調查其種類與數量，作為保育之數據資料，有時更要步行跋涉進入深山，諸如大武山之中的蝴蝶谷，做南遷避寒蝴蝶的標放工作。在他心目中，與蝴蝶相處最有趣的，莫過於親手將蝴蝶養大。山林中的野生蝴蝶一千隻中只有一隻能夠壽終正寢，因此人工養殖更不容易，非多年持續努力不可。

就在樂此不疲於蝴蝶的人工養殖之時，他也開始夢想要如何將童年滿天群舞的蝴蝶招回來，特別是這幾年參與社區公共事務，身為社區總體營造志工的一員，看到過去最貧瘠、最缺水、最沒人要的鹿野高台，成為全台聞名的熱季球觀光季，感觸特別深，觀光帶來的人潮，好是好，但往往是外地來的商人賺，對農家的作物與生計卻完全沒有改善，反而讓在地的生活品質變差。他很想找回昔日那種緩慢悠閒的生活步調。他開始回想過去的種種，思索如何將蝴蝶的保育與社區總體營造結合在一起，為社區找到另一個特色，讓它有新的出路。於是，他想到了村中，那棵陪伴所有居民一起長大的、充滿記憶的大榕樹。

他所居住的鹿野鄉五十戶地區，是近山地帶的河階地，由河川堆積而成的河階地雖然肥沃，但充滿大小石礫，這樣的特殊地理環境，造就了一個他們村子的傳說，在他們家前方一片平坦田地中，有一顆特別有仙風道骨姿態的巨大石頭，是先民們墾殖時特別留下來，當作土地公以祭拜的「土地公附身物」。久而久之，大石塊旁自己長出了三株小榕樹，某日深夜，突然一道閃電讓三株小榕瞬間起火燃燒，最後只剩一株活下來，這株曾遭烈火紋身的勇敢小榕隨時間生長茁壯，漸漸的，將那一大顆代表土地公的大石包覆了起來，大石頭在他小時候還看得見，但現今已經變成了榕樹的一部分，完全看不到了。

他就是被這棵約百歲的大榕樹看大的，而榕樹的所在，剛好是村中用來牧牛的放牧地帶、是村中小孩相互約定碰面玩耍的地點、更是大人們聚集或談天說地、或開會討論事宜的場所。這棵榕樹被烈火無情肆虐後，仍然堅毅活下來的生命力，成為村民的精神象徵，印記在村民的心田上，成為家園的圖像。

如果，兒時漫天飛舞的蝴蝶與象徵家園精的榕樹相遇，會發生甚麼事情呢？他現在的夢想，就是營造出一條縱貫社區的蝴蝶生態廊道，廊道上種滿蝴蝶喜歡的各式植物，將社區打造成一塊人蝶和平共處、共存共榮的美麗淨土，並在廊道最終，引導通向屬於社區精神象徵的大榕樹下，他想在這裡蓋一個木頭搭建的平台，讓來到這裡的所有人，都能在大樹下或坐或躺的乘涼休息，聽一聽，那個屬於

野性混搭風格才是蝴蝶最喜歡的棲息地。

這裡、他所引以為傲的家鄉，曾經發生過、未來將要發生的今昔故事。

【相遇小記】

會認識這位老先生，並不是我在路上偶然遇到的，而是台東鹿野一家免費，但要服勞役或供應物資的背包客棧「倒地鈴」的老闆帶我去的。

那是一間很特別的「民宿」，要吃飯請自己煮；如果要吃肉的話，請自己去豢養欄裡抓活雞活魚活兔子，從拔毛剝皮開始處理；要吃麵的話，有麵粉請自己去擀麵條；要洗熱水澡請自己去撿木柴慢慢生火將水加熱；要住宿的話，就得要幫老闆工作，否則免談。

我被分派到的工作是煮飯，翻了廚房，發現有咖哩塊，因此就決定煮咖哩飯，那應該是我這個廚房白癡最容易上手的料理，不過煮前還打電話回家跟老媽求教，又因為不敢殺雞殺兔子，我還決定當天讓大家跟我一起吃素。如果問我，煮飯很累嗎？那我會建議大家，如果來這裡住的話，一定要積極爭取煮飯的工作，因為看到其他人的工作，相較之下，煮飯實在太輕鬆了。挖井，渾身都是汗水泥沙（老闆說用地下水這樣比較省水費）；除草（老闆的菜園草盛豆苗稀）、還有做土水抹水泥（老闆要蓋新的房子），怎麼看都是煮飯最輕鬆，當然，餵魚餵兔子或是撿柴火感覺也蠻悠哉的，可以嘗試爭取，不過最後決定權操在老闆手上喔！

辛苦工作一天後，老闆會慰勞大家，載所有人去鹿野高台上看熱氣球。和老闆閒聊時，和他說起了我的計畫，結果就認識了這位養蝴蝶的老人家。

他的家庭是一種很獨特的人口組合，和現

今台灣農村只剩下老人與狗，才被視為「常態」的模樣截然不同，在他的家裡，隨時都有五、六個要喚他為阿公的小孩，在沙發間、客廳與飯桌之間瘋狂的亂竄，自家旁邊更有一個超級無敵巨大的游泳池，是他自己親手打造，說要給全家人一起玩水用的娛樂池，而所謂的「全家人」，大概有近二十個，全都住在附近。

他家吃飯時都是全員一起吃的，人氣旺盛得不得了，身在其中跟他們一起吃著晚餐，確確實實的感受到我不曾體會過、屬於大家庭才有的暖呼呼熱度，在暈黃燈光之下，圍著有大旋轉盤的圓桌吃著熱騰騰的飯，飯盆中的米飯多到快滿出來，飯桌上的各式菜色多到目不暇給，全是家中女眷協力做出來的美味，有鹹鹹甜甜滋味的蒸蛋、來自太平洋的大海魚佐破布子、一大盤新鮮的蒸草蝦、整株芋頭連莖帶葉丟入高湯中熬製成的清香湯品、飯後還有一杯養生菊花茶……現今回想，許多菜色已記不清，只記得那天的晚飯吃的停不下來，好滋味在心中好似餘音繞樑三日不止。

台東鹿野●蕉農

一位快被烤焦蕉農的自白

「**我**是一個快被烤焦的蕉農，也是一個快要得憂鬱症的蕉農」，烤焦，自是源於台東毒辣的烈陽；憂鬱症，則是來自每年香蕉暴起暴落的價格。他說這話時笑得比誰都還大聲，看來離憂鬱症還有很大一段距離，因此我猜，他大概是那種生活越不如意，笑的越大聲要和老天嗆聲那一型的硬漢吧！

他從小在台灣後山的鹿野瑞峰村長大，那時的台東在他的印象裡，是一個家裡沒水沒電、路上永遠沒車、好幾個月才會來一台遊覽車的地方。每當好不容易盼啊盼的，終於有一台在瑞峰村被視為「瀕臨絕種」稀有動物的遊覽車出沒時，他們村裡的小孩就會一窩蜂的衝到大車子旁邊，開始瘋狂的揮手，希望車裡的人丟糖果下來，一解眾「小人」思糖之苦。他說，只要不把台東和外面相互比較，住在這裡就會很快樂，小時候的台東，大家都窮苦、都落後，根本不會覺得有甚麼不好，每天就是打赤腳到處晃隨處玩，自己用路邊小石頭小雜草做一些玩具，有時也會幫忙家裡放牛、打草繩，日子就可以過得很開心，而一天之中最快樂的時光，就是和爸媽一起坐在門口納涼，談天說地、閒話家常的晚上。

他們家八個兄弟姊妹，都很小就離開了家，去台灣各個繁華的都市當學徒，如他，就在國小畢業那一年，因為家境不允許他繼續升學，成為他夢想中能在天空中自由飛翔的空軍，因而來到繁華的台北，成為西點麵包師傅的小小學徒。那年他才十二歲，到了車多人多的台北大城，連馬路都不敢過，對他來說，那裡是一個很奇怪的地方，「這裡的人居然是沒有鄰居的！」他驚訝的想著。當學徒的生活歷練了七年，整體感想是「很不人道」，而他人生中做麵包的生活也就只有這七年，這項技能對他的貢獻，大概只有一項——他結婚時所有喜餅都是自己做的，省錢。不當學徒之後，他繼續留在台北工作，專開大型的砂石聯結車，將台中、宜蘭地區河中採集的砂土，運到台北的混凝土工廠，對他來說，那是壓力極大的生活方式，台北人情淡薄環境嘈雜，沒人脈的鄉下人在那裡只能做苦工，賺的錢光繳房租就沒了。後來，他雖然在台北結婚，卻連小孩都不敢生，就怕養不起。直到有一天，發現自己想在這繁華都市中賺大錢的夢想，已被現實消磨殆盡之時，他就回家了，回到那個生他養他的台東。

他說，機場多、核廢料多、原住民多、但是賺錢不多，即是台東的後山傳奇。要在台東活得開心自在，就是不要拿台東和外界比較，鄉下比起城市，工作機會少到有時他都會懷疑老天還要不要他活，幾番輾轉之後，他發現自己和植物相處得最好，就選擇了黎明即起的農夫做為職業。

他還蠻喜歡香蕉這種植物，只有指節高的小幼苗在七個月後竟可以成為比人高的大樹，種起來非常有成就感，除此之外，香蕉在尚未吐出花苞結果之前，將之攔腰截斷又會立刻冒出新的枝幹與花苞，但結完串串香蕉之後的香蕉樹，砍斷也就靜靜死亡的特質，在在顯示它們的生命韌性與堅持。他說，務農是一種身體上很累，但心裡會很踏實的工作。歸屬土地的感覺，讓人心滿意足，但要煩惱的事依然很多，如他所言「快要得憂鬱症」那般的多，香蕉最怕風，風一來，長柄大面的葉子會裂的如流蘇一般，細細碎碎的隨風飄揚，不過最怕還是成串的香蕉會被打落，香蕉一沒，就算再長出新的香蕉也回天乏術，因為第二次的香蕉不論賣相、大小都不比前一次的。

而重點是，就算無風無雨、風調雨順也未必是好事，當全部的人都豐收，價格就會暴跌，蕉農又要開始欲哭無淚；反過來說，天災也未必是壞事，只要自家的農作物保住了，而其他人的農作全毀，

就等著大賺一筆吧！在他看來，政府常說要把農民的產銷管道做好，都只是在畫大餅「裝肖仔」，全台灣還是有很多農民任由中盤商宰割，農民光每天顧他的農作物都來不及了，哪有時間和心力再去管要怎麼賣、要賣給誰？

清晨五點半，我隨著他在香蕉園裡的工作足跡，在偌大的田地裡走來走去，狠毒的小黑蚊很多，不過不影響眼前一片景致帶給我的震撼——周遭，一片晨霧茫茫，一棵棵高壯的香蕉樹大葉柄柄扶疏，軟軟的黃色光芒撒在樹與樹的縫隙之間，身處其中就如在熱帶雨林一般，自日治時期就規劃完善的龍田移民村，棋盤方格式的土地規劃，大概是全台灣最規矩的農田，小路和阡陌九十度彼此交接，嚴謹的一點兒也不像生性隨意、開心就好的台灣人，遠方的都蘭山，朦朧就像水墨染出來的山水畫，帶了點淡淡的鮭魚紅。不過沒多久光景，他口中日日快把他烤焦的豔陽，便光芒萬丈，像帝王出巡般，開始招搖的對大地散發超級強的紫外線了。

這一天，他正在幫香蕉們「疏伐」，也就是把香蕉樹偏下方、多餘的大葉子割掉，因為香蕉很會生小蟲子，這些各式各樣的小蟲會躲在葉子的背面，除了噴藥之外，就要依靠徹底革除牠們的依附物來解決。

在他的感覺，香蕉其實是一種既傲又嬌的植物，每一塊田只要種過兩年的香蕉後，十年之內就不可以再種，他曾經不信邪，就在一塊四年沒種過香蕉、期間也種過其他如生薑、茭葉之類農作的田開始試種香蕉，結果七個月後，全罹患絕症——黃葉病，由中間莖部開始黑爛，死了一個徹徹底底。從此以後他再也不敢鐵齒，乖乖的當起現代的游牧民族，每兩年為周期到處逐水草而居，隨處租十年內未被蕉農使用過的土地來種香蕉。對一個認真勤奮的農夫而言，田裡的事情永遠做不完，每天，這些香蕉都會找事情給人做，從日日施肥澆水（香蕉重水，要在田裡牽水管澆灌）開始，看著它們長大，大了之後要為它們綁竹竿，幫忙支撐重量。香蕉長出來前要定時灑農藥殺小蟲與疏伐，等到小小的香蕉串長出後，為了避免營養分散，得砍掉不要的小串，而為了免於斷掉，得幫香蕉花正常垂下，最後還要忙著幫香蕉套袋。收成之後也不得閒，要開始挑新冒出來的幼苗，哪一棵才是最強壯的後代，將之留下來養，繼續二年的蕉農人生。香蕉相較於其他水果，其實很安全又健康，除了套袋之後三個月就沒再灑農藥之外，它本身厚厚的皮也是一層安全保護，因此「大家都應該要經常吃香蕉」，他突然跳入工商服務時間笑著說。

身為一位住在好山好水好少薪水的台東蕉農，他對政府的感想，自有一套不是長久住在這裡的在地人，無法體會的說詞。住在都市的人，日日享受著不虞匱乏的便利生活，坐享完善的醫療機構、優良的教育品質與豐富的社會資源，這些坐在寶庫上的人，常對鄉下懷抱一種可笑的浪漫情懷，覺得這裡是台灣的後山，要好好愛惜不要人為破壞，讓他們可以在閒暇的時候，來這裡享受個幾天「美好的」田園自然生活，然後再回去都市，一邊過便利日子，一邊喊著城市真沒人情味、抱怨都市空氣好差不如鄉下。

他諷刺的說，奇怪，如果台東真這麼好，那些觀光客怎麼不搬來這邊住？政府把這個明明是台灣最早見到日出的地方，稱為台灣的「後山」，以保護為由不准開發，這是可以理解的，但是醫療以及教育資源，至少要能夠進入台東吧？台東人的壽命是全台灣最低的、幼童擁有的教育資源遠低於西部都會區，這些問題政府究竟有沒有想過，要積極的來解決？他說，農民的工作就是慢慢的做，做到累了，稍微休息再繼續，甚麼規劃對農民而言都是癡人說夢，就只是慢慢做，然後把小孩子養大成人。他希望，自己的下一代，能夠不要離鄉，就可以在故鄉享受到都市的便利與豐富的資源；他希望，台東人的心聲，政府要能聽到並真正的瞭解。

來到台東旅遊的每一個觀光客，或許，或許會遇到一位快被烤焦的蕉農，笑容滿面、真誠的對著你說「台東名產其實是颱風、焚風與沙塵暴（東北季風吹拂河道帶來的砂塵），希望大家來好好品嚐！」明明是明顯的諷刺，但他開懷的笑容，還是會讓你覺得他是真心這樣推薦。

【相遇小記】

會遇到這位蕉農，不是在香蕉園中，而是在飯桌上，他其實是〈當蝴蝶與榕樹相遇〉（見第108頁）那篇受訪者的某位親戚，那天也來吃晚飯，就我初步的感覺，是位很有趣又健談的先生。聽到我正在蒐集故事，就開始說起自己是一位快要被烤焦的蕉農云云，我說，如果您願意接受我的採訪，那我就去採訪您啊，於是咱倆就訂下了約定，隔天一早五點半，他要從台東市自家去香蕉園裡工作時，順道帶上我，他邊工作邊接受採訪。

當天晚上睡覺前，我將鬧鐘設在早上五點，沒想到，鬧鐘已經響到全通鋪的人都快被吵醒一半之時，我才醒來，一看時鐘心裡就暗罵一聲髒話，X！已經五點二十五分了！正刷牙刷到一半，手機就響了，說他就在我住的地方的門口，要我趕快下來，時間不偏不倚，正好是五點半，我剛起床五分鐘。瘋狂一陣亂塞筆記本相機到包包裡，就衝到他車上了，這時，腦神經還沒正常活絡運轉，他問我話，我大舌頭超嚴重，整路都在胡言亂語，總算到了香蕉園時，在冷涼的空氣吹拂下，大腦才開始正常運轉。

不久到了香蕉園，當我還傻楞在車上時，

叔叔已經換上雨鞋，拿好鐮刀，穿完袖套準備上工，等我砰一聲跳下貨車，他早已經健步如飛的拿著大鐮刀，在香蕉園裡東劈西砍的殺出一條路來，只要這位鐮刀大俠經過之處，必有唰唰唰的蕉葉慘遭不測，走道上陳屍遍野全是疏伐後的大葉子，氣勢相當驚人！

我小跑步跟在旁邊東問一句西問一句，邊做筆記還要跟蜂擁而上的小黑蚊奮鬥，難怪他要穿長袖套！大概是大俠看我手忙腳亂很可憐，總算停下步伐，說還是你先問完，我再工作好了？我心裡一百萬個同意，但嘴上硬要假仙的說了句，唉喲，這樣會不會耽誤您工作啊！不過大俠已經收刀，我也就高高興興的跟他一起坐在路邊，正式開始我比較擅長的靜態採訪了，跑來跑去還要訪談的技術，真的是一門學問啊！

花蓮壽豐●火車業務員

後山追火車

才剛過正午，火車卻要等到晚上六點多才有，車站裡，除了我，半個乘客都沒有，看到外頭熱情似火的太陽，我對著有冷氣的售票房裡的他，大聲喊著，可以接受我的採訪嗎？就這樣，雖然沒追上火車，倒是追上了他的火車人生。

他是個土生土長的花蓮豐田人，家住出產台灣玉的中央山脈山腳下，抬頭一看就是平坦陸地上突然拔尖的山巒。幼時記憶中的豐田，就是玉石、石棉、甘蔗的代名詞，離他家只有五分鐘路程的豐田火車站，運送這些貨物的比例遠比運送人來的多上許多。那時的豐田相較今日繁榮，中國石礦公司日日都有纜車將山中開採的石棉運到山腳、轉由小火車運到火車站，到了冬天甘蔗採收的時候，整個火車站的地板上滿坑滿谷都是細長甘蔗。

高中以前，他讀的都是豐田附近的學校，考上花蓮高農之後，才天天搭火車去上學。我問他，是因為喜歡農事才去讀農校的嗎？他哈哈笑回說，不，是因為不愛讀書，功課不好才去讀農校。那個年代的後山火車，還是窄軌的小火車，隨便一個人抓著車上欄杆搖個兩下，整個車廂就好像快翻肚，除此之外，柴油有夠臭、馬力無敵小、車速非常慢、車班超級少都是火車數不清缺點中的幾宗而已。他記得以前有幾個路段，如南華到吉安、溪口到豐田等，火車還得像阿里山小火車最著名的技能一般，先倒退嚕、再一舉往前衝才過得去。

那個年代的花蓮高中生，上學的交通工具除了火車之外別無選擇，因此火車除了前兩節車廂給一般旅客乘坐外，後面拖的近十個車廂，就是各個花蓮市區學校學生的「專車」，當時的火車硬體設備原本就不佳，給學生搭的更是爛中更爛的等級——沒有電扇、超級狹窄、椅子沒靠背。每天五點，從光復開往花蓮的早班車會沿路載學生去上學，每個學校都有配給的車廂，大校就分一節半、小校就分半節，車班約兩小時才一班，因此每年冬天就是他追火車的季節，沒搭到車肯定完蛋。

火車拖著一節節的車廂，日日以龜速行駛在花蓮的鄉間小道，據他說車速慢到「跳車下來用跑的都比火車快」的程度，因此從豐田到花蓮短短路程至少要一個多小時。每日上學和回家途中，車廂裡載滿了至少七所學校、正值血氣方剛年紀且荷爾蒙時常亂做怪的高中生，能做的事情實在太多了：溫和一點的，頂多就是在車上坐得太無聊，跳車下來偷拔人家種的甘蔗還是狀元紅，再跳回車上開始吃個台灣正港的「下午茶」甜點；暴力一點的，就是不同學校之間為了一點小事，諸如誰看誰不順眼、為了女孩子爭風吃醋等等，而以學校為單位打起群架。為了制止諸多離校之後高中生會有的脫序演出，當時每校的教官都會輪流喬裝打扮，裝成學生的樣子混在火車裡面，抓打牌賭博、抓鬧事打架，他氣得牙癢癢的說，小人步術最多的就是其中一個好像是姓趙的教官，他會把報紙先用針穿上好幾個孔，攤開在臉前假裝看報、實則觀察眾學生的一舉一動，實在奸詐！

高中畢業以後，他跑去台北學做鋼模，但實在受不了那邊的爛空氣，每天騎機車回家的臉都是黑的，之後又輾轉在花蓮台北間游游走走，直到有天他送做月子的太太回花蓮，在火車站等不到火車回台北快要抓狂時，巧遇剛成為車長沒多久的當兵同袍，這名新進車長將之前準備考試時，所有的筆記、重點整理一股腦全塞給他，猛K了一個半月後，他就吊車尾考上了，成為火車站中的業務員，就這麼在鐵路局服務了二十五個年頭。

一開始，他被分發到鳳林火車站，對那裏的記憶就是豐年祭一大堆，每年夏季到來，不同的阿美族部落就開始接連展開豐年祭慶典，祭典就是狂歡的日子，誰不會多喝兩杯酒？結果印象最深的就是有一年，值夜班時，在黑暗之中藉著將要進站火車的微亮車燈，瞥見幾個黑影在鐵軌上晃動，他趕緊衝過去將他們拉開，那幾個喝醉酒的阿美族青年才沒有死於非命。後來他嫌鳳林車站太小沒挑戰性，又轉調到北迴大站——新城，那裡的工作繁忙緊湊，要學會如何調車、又如何將火車運送的水泥調到港口大船上外銷到日本等，雖然業務又雜又多，不過他覺得很過癮，每天都有新東西可以學，一起工作的同事又多、來來往往的旅客從沒停過，熱熱鬧鬧的一點都不孤單。直到年歲漸大之後，心態有了些改變，再加上新城離家太遠，每個月車錢近一萬元實在太高，終於讓他決定請調回家鄉豐田，雖然豐田站小到一次只需要兩個職員（一個站長、一個業務員）照顧，總共員工也只有六人，三班制十二小時照輪，要辦個年終尾牙人好像都坐不滿一桌，但至少家就在旁邊，挺方便的。

東部的交通不比西部便利，尤其過年時更可見明顯的差異，他記得民國七十多年時，鐵路局的車廂還是供不應求的捉襟見肘時期，每次車開到花蓮，就一定會砍到只剩下六節車廂，才繼續開到台東，其他的車廂馬上開回台北支援。某一年過年，他要回豐田過節，車到了花蓮照例只留下六節才繼續往南開，但逢年過節人潮洶湧，車長站長之類就請坐在後半部車廂中的人都先下車，好聲好氣的說馬上就有下一班車會來載大家繼續往南前進，請大家不要緊張、不要硬擠到前面的車廂。沒想到人都下車之後火車就馬上開走，一堆質樸的台灣小民傻眼的像沙丁魚般擠在月台上，久久才領悟到原來自己被騙了，下班列車也是兩個小時以後才到，和車長承諾的「馬上」有很大的出入。不幸的，他也是被騙下車、傻傻看著車開走的其中一員，他不可思議的說，真是太誇張！如果是現在肯定上頭版新聞，然後鐵路局就等著被罵到臭頭，接著又話鋒一

轉，惋嘆的說如果那時他已經進到鐵路局，就不會傻不隆咚的被騙了。

直到自己成為鐵路局的一員，適逢過年期間，同樣是一年之中狀況最多的時候，諸如過多的人塞爆了車廂，導致有人因空氣稀薄腦部缺氧，搭車搭到昏倒緊急送醫急救、或人潮洶湧造成就算手中握有座票，但卻完全無法擠上車廂，車站人員只好又擠又塞的把人從唯一有窗戶的車長室中丟進去等等狀況（每三節車廂會有一個平常封閉不使用的車長室），有次人甚至多到只能媽媽丟一個車廂、孩子丟另一個車廂，人先上車載走再說！

在他的記憶裡，父母平日待人處事，永遠都是寧可自己吃虧，也不占人家便宜的最佳代表，而父母做人之成功，從過年時，他們家牆壁上掛滿滿的糖果餅乾可見一斑。成長過程中，父母的言教身教，在在都影響著他，成為火車站業務員後，每天忙的就是幫人家訂票買票、管理火車運送的貨物包裹，他總認為當一天和尚敲一天鐘，該做的事就應該要做到完整圓滿，服務業本就應該盡力去幫助有需要的人。服務二十餘年間，職業上有甘也有苦，例如他最怕值夜班，因為半夜的末班車乘客大多是喝醉酒的原住民，而喝醉酒的人，大概是唯一可以和不會說話、只會無理取鬧小嬰兒相互媲美的生物。除此之外，他也怕臥軌還是跳軌自殺的人，尤其若發生在站內的範圍，他還得負起全盤責任，挑起大樑的撿那位想不開的仁兄仁姐，散落在人世間的所有遺留物，而那會讓他很多天吃不下飯。

豐田火車站後來的光景已不如從前繁榮，常有消息傳出上級想要精簡人力，而將之變成無人管理的小站，但最近卻又大張旗鼓的幫整個車站大「拉皮」，重新做升降梯、將過去較低的月台單一規格化和西部幹線同模式。儘管快退休了，這一切也不關他的事，但還是令人擔憂：如果豐田即將變成無人管理的站，現在卻又全面性的翻新，還做了沒有人協助，沒有老百姓會使用的升降梯，他含蓄的說，現在有些小孩「活動力」比較強，會來車站搞破壞，新穎的火車站不就是一個像金字塔的所在？彷彿昭告所有盜墓賊「快點來偷！裡面有金銀珠寶喔！」

即將邁向退休生涯的他，一輩子幾乎和火車密不可分的生活，終於也要告一段落，所謂人生七十才開始，才五十多歲的他，充滿期待的想要在自己家鄉開一間庭園式餐廳。他說：讓自己有事情忙，才不會得老人癡呆啊！

【相遇小記】

常常聽人家說到豐田移民村。日治時期的移民村到底長甚麼樣？一直在心裡想著，結果就來到這個小小的豐田火車站，一出站門口，在站長的幫助之下，將腳踏車搬過軌道後，我抬頭望向站外，連隻鳥都沒看到，柏油路都快融化了。

頂著炎炎日頭在豐田晃啊晃的，頭也跟著晃呀晃的恍神（太熱了），中途看到一個鳥居，我猜，我應該已經身在移民村了吧！然後騎啊騎啊，不知不覺就到了附近養黃金蜆的魚塭，看到一家人在淅淅唰唰的篩滿袋的黃金蜆，接著我就到壽豐了，去吃了火車站旁頂級美味的甘蔗冰，那家冰裡的芋泥，好吃得連舌頭都可以順道吞進肚，然後我就騎回豐田了，到了站裡，一看到告示寫著，回我住的地方的火車，要晚上六點多才有，現在車站裡，除了我，半個乘客都沒有，真想淚灑當場（才過正午沒多久）。看到外頭熱情似火的太陽，心裡思量著再出去真的會變人乾，左顧右盼一下，發現整個車站有冷氣的地方，只有售票處裡面，所以就翹著老大一個屁股，將整張臉湊到售票處對外的拿錢取票窗口，擺出我最大的笑容、笑得我好像是全世界最快樂的人，咧嘴問裡頭那位先生，伯伯，你可以接受我的訪問嗎？這就是我認識這位火車站業務員的始末——沒追到火車，倒是追到他的火車人生。

宜蘭大同●泰雅手創工作者

Y姤

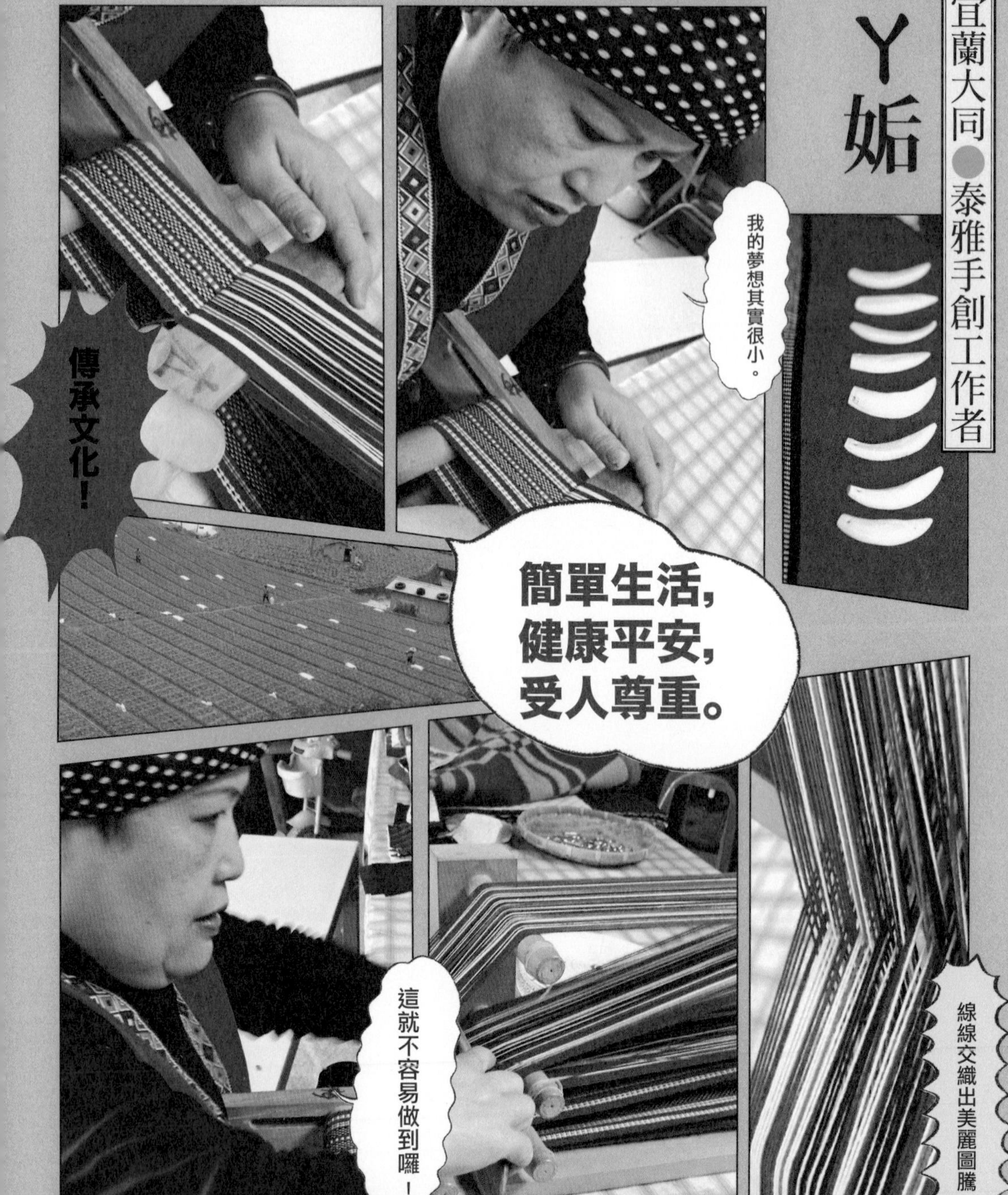

我是個眼大手粗的人，來到泰雅生活館原要學做DIY手工藝，但卻做不來這等細緻的串珠活，於是就坐在旁邊，看來此教DIY的手工藝老師教其他遊客串珠。老師阿姨是個健談的人，不知不覺就跟她聊了起來。她小時候就是一個很有創造力的破壞狂，喜歡研究各式衣服的結構，探索一套美麗的衣服，該是如何被做出來的深奧問題，縫線打樣、版型設計，她都非搞清楚弄明白不可。而要能夠最根本的解決問題，就是拆了整套衣服做為研究的樣本。

她有一個很少見的泰雅名字，叫做Y姤。她很自豪的說，因為自己是家裡唯一的女孩，所以父親和母親就幫她取了一個很特別的名字，全大同鄉只有她一個，是那個大時代之下，父母親想出來、反應出原住民處境的稱謂，其中有著文化傳承、勤奮、有美德等等涵義。她們家原本是住在桃園巴陵地區的泰雅族人，在父親那一輩時，終於受不了常常和日本人打仗的生活，再加上深山之中農作物種不出來，因而舉家跋山涉水，遷移到蘭陽溪頭的松羅部落處定居，而她就出生在這個被雪山山脈和中央山脈圍繞的部落之中。

她們家是一個很典型的泰雅族家庭，家中沒電沒瓦斯沒自來水，判斷時間的方式是看太陽和光線的亮度（不過自從天送埤火車開通後，她父親就會聽火車鳴笛來判斷現在幾點），平時在山邊種植小米、芋頭、地瓜、玉米以及一些可在高山上生長的特種水稻。需要其他物資時，母親和她就會用竹簍背著一籃地瓜，赤腳沿著蘭陽溪河谷走到牛鬥和鄰近的平地人換鹹魚、鹹豬肉、稻米回家，而她從不喜歡吃那種魚刺超多的日式鹹魚，父親則會將自家收成的高山稻米背到天送埤那邊用機器去殼打穀子，她一臉苦相的說，如果父親沒將穀子背去天送埤，家裡就得全員出動，人人拿大木槌開始用敲的方式去稻殼，可想而知，這種極度土法煉鋼的去殼法，是一項會讓人崩潰的工作。

那個時候，沖積出蘭陽平原的蘭陽溪上游地帶，與鄰近地區往來交通的方式，都只靠蘭陽溪河床的天然道路，因此她們家每個人，都跟溪底的每塊石頭很熟，猶記得大熱天時，溪底石礫總會被太陽加溫到燒燙燙的程度，父親赤腳沿路用跳腳的方式回家時，她總是很沒良心的笑在心裡。

她的父親是一名很優秀的泰雅獵人，對山裡動物的心思瞭若指掌，放置的陷阱，總是很精準的位於獸道之上。冬天是打獵的季節（因夏季獵物被捕到很快就臭了），只要一上山，必然是豐收回家，有時運氣好可以獵到兩、三隻體型壯碩的山豬，父親扛不下山時會將豬拋入河中，讓河流權充天然的搬運公司，到山下再么喝她的哥哥們一起來搬。她哈哈大笑說，父親的入山標準打扮，是一條長褲；下山就變成一條內褲！長褲哪裡去了？原來是被父親拿來塞魚塞肉塊啦。她總笑問父親幹嘛不多帶一個袋子上山？不怕老二被草刺到？她的父親對前者的回答永遠都是，麻煩啦；後者則是，才不會咧。父親的信念很簡單，山上就是泰雅族人的冰箱，只要手有動，東西就會慢慢聚到手上來。

小時候，她就是一個很有創造力的破壞狂，喜

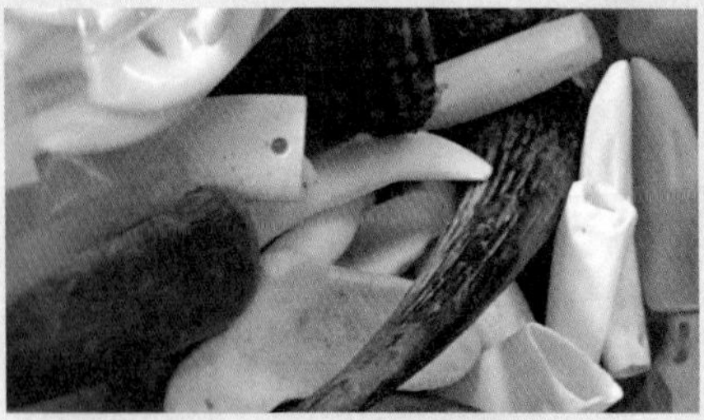

山羌腳和各式動物的角都是手工藝創作的材料。

歡研究各式衣服的結構，探索一套美麗的衣服如何被做出來，縫線打樣、版型設計，她都非搞清楚弄明白不可。而最能根本解決問題的，就是拆了整套衣服來研究，末了就以拆下來的布料試做衣服。因此她最愛拆父親送母親的美麗長裙子，那種百褶裙布料最多。小時候記憶最深的就是，她把衣櫃裡母親的裙子全剪了，剛開始母親都沒有發現，只是常常找不到要穿的裙子，幾次之後，才把懷疑的矛頭指到她身上，再加上清掃家中時發現衣服碎片，此懸案終於水落石出。

國中畢業之後，她離家三年到花蓮新城上學，專門學裁縫打版，那是一所美國人開設的教會學校，網羅全台各地的原民子弟來就讀，最遠甚至有打從蘭嶼來的達悟族人。那是一所不准他們有自己的零錢、不准他們說「方言」只能說「國」語的學校，而且教的東西都太基礎，她乾脆拜師拜到老師家，直接跑去老師家學習了。之後回到家鄉，她又跟著松羅國小校長的夫人一起學習縫紉，成為校長夫人的第一助手。

不過，她的人生並不是只有做衣服這一塊色彩，她還曾經做過遊覽車上的車掌小姐，雖然最怕帶到全由阿公阿嬤組成、劈哩啪啦鑼鼓聲喧天的進香團，但藉由這項全台跑透透的職業，也練就了一口超流利的閩南話和絕佳的歌喉。

她說她小時候聽過部落裡老阿嬤唱泰雅古調，那是種用唱歌的形式來講話，不高興也唱、高興也唱，是一種融入生活的對答應談，用唱的唱出歌者的想法，並沒有固定的歌詞。因此，她得意的說，雖然泰雅族唱來唱去只有那幾首古調，還有吹口簧琴比較厲害，但她可是很會唱歌的，不輸那些住在台灣南部皮膚比較黝黑被她稱為「黑人」的原住民。事實上，她曾有一段時期在各地的酒吧中駐唱，基隆幾間著名酒吧如紅寶石等，都曾見她在台上高歌一曲的風采呢。對她來說，在酒吧唱歌好玩是好玩，但一下舞台就覺得很空虛，趕場實在累人，還得被人在暗地裡說閒話，說在酒館上班就是會亂來，但她明明就不是這樣的人啊，所以沒多久她就不幹了。

一九八〇年，她嫁給了住在隔壁部落的丈夫，丈夫和她同樣都是〇〇一族（指血型都是O型），脾氣都很衝，但也同樣幽默風趣，丈夫都戲稱她為自己的「堂妹」，意指「晚上躺在旁邊的妹妹」，夫妻倆感情一直都很好，至今每個星期一都是明定的「約會日」，禁止閒雜人等干擾。年輕時也一起到日本留學，在ICA體系相關學校學日語一兩年，而自從她的工作室開張後，丈夫就成了現成的經紀人兼司機，幫她打理一切創作之外的麻煩事。至於她和一雙兒女的相處方式，就像是朋友而不像是母親與子女，在兒女口中，她是「賴董」而不是「媽媽」。她兒子娶了住在拉拉山上的泰雅姑娘，女兒則是嫁給了桃園大溪的漢人，她說自己這輩子最不講理的時候，就是聽到女兒想嫁給漢人的當下。那時，她完全無法接受，女兒要和瞧不起自己的民族結親，她怒氣沖沖的對女兒咆哮，要她背著ba dai（背包背帶之意）滾出去，再也不要回來。但女兒畢竟是心肝上的肉，再加上女婿真的待女兒很好，後來還是答應了，不過也不忘要撂一下很有原住民風味的狠話，你敢拋棄我女兒，我會把你的腳砍斷喔！她懊惱的回憶，當初自己真不知道腦袋出了甚麼問題，居然完全忘記要幫子女取泰雅族名字，所以現在孫兒接連誕生，她和丈夫都搶著運用阿公阿嬤的特權，幫孫子命名。她都找家裡很乖很聽話、傑出勇敢的長輩名字來當孫子的泰雅族名，希望兒孫們能夠像自己的祖先一樣，成為真正的泰雅族人。

身為一個以原住民身分為傲的泰雅女兒，她承認十個原住民中有七個是酒鬼，就像十個原住民中也有七個會唱歌一樣，但她真心認為每個住在台灣島上的人，都應該受到應有的尊重。

她說，以前原住民在台灣都不被當人看的，被羞辱過的經驗從不會少，漢人總會當著她的面說她是「番仔」，殊不知她閩南語流利的很，全都聽得懂，而她也總會直接反擊，我和你一樣不都是人嗎？你們罵原住民那麼難聽，我們難道就不會罵你們！她說泰雅族人都罵平地人是「鍋巴」（ga ha ma mi），就是那種黑黑硬硬、沒人愛吃的東西，平地人的心就和鍋巴一樣是黑的！

從前，她只是天天努力做衣服賺錢而已，哪會想到要開甚麼手工藝工作室，直到近年來才擁有了一間夢想中的手工藝工作室，她的創作量十分驚人，裡面的東西全都是自己做的，有服飾、各種大小材質的包包、項鍊、耳環、手環、蠟染窗簾、傳統泰雅織布、鑰匙圈、串珠等等高達近百種類型。要傳統，她有的是自己清洗漂白的山豬牙、水牛骨；要新奇，她也有從國外進口的七彩琉璃珠。她是做衣服出身的，在所有工藝品創作中，最厲害的就是做各種服飾，她幫了好多不同原住民族的新娘製作了美麗的傳統結婚禮服，那些織工精細的服裝，總要數個月才能完成，但她仍惜福的說，若是過去只有手動織布機，連繩子都要自己去山中採苧麻、天天露美腿用力搓才能成線，花費的時間恐怕還要更久。

身為一個住在台灣島上的泰雅族人，她的夢想很小，她希望過著簡單的生活，健康平安、受到尊重的活著，很容易吧？她認真的說，可這就是很難做到的事情囉！

【相遇小記】

宜蘭是由多條河川沖積而成的一塊沖積平原，是塊扇子形狀、由雪山和中央山脈隔出的

蘭陽溪谷和河床原為交通要道，而今種滿高麗菜。

平原地帶，而其中一條河川呢，即是蘭陽溪。在蘭陽溪上游、河川尚未變成扇狀之處，是相當美麗的河谷地形，而這條一邊為中央山脈、另一邊為雪山山脈的寬長河谷，兩側居住許多泰雅族人，他們在很久很久以前，翻越思源啞口，來到宜蘭，是最早見到蘭陽溪谷秀麗景觀的人們。

大概因為泰雅族人數眾多，近年來，這裡成立了一個泰雅生活館，裡頭展示著泰雅族的歷史、文化概要等等資訊，還有DIY的體驗活動，而阿姨，即是來此教DIY的手工藝老師。我做不來細緻的串珠活，於是就坐在旁邊，看她教其他遊客串珠，還邊幫忙拉攬生意，邊和她閒聊，阿姨很健談，說自己故事之餘，還會順道教我幾句泰雅族話（她會在話中摻雜許多泰雅語的名詞，不過都會解釋是甚麼意思），說到興致高昂之時，還拿出隨身攜帶的百寶箱，掏出一罐裝滿山豬牙、山羌腳、長鬃山羊角的罐子（是她數十年來慢慢收藏的成果）、一罐罐五花八門的珠子，叫我挑喜歡的，說要做一串手環送給我，受寵若驚的我高興得要命，但選擇太多反而不知道該如何決定，瞧了老半天，三心二意甚麼都想要，阿姨不耐煩了，乾脆幫我挑，只見她拿出了紅黑白三色珠子（白的夜間還會發光咧），用黑線一下子就串成了可以調整大小的手環，並親手戴到我手上，說這是見面禮，那一刻，我心裡感受一種人與人之間的溫暖，整顆心都暖洋洋的。

半年後，我又回去找了阿姨一次，蘭陽溪谷中飄來的冰冷山嵐，讓人直打哆嗦，但阿姨如昔的笑顏，讓我在上下排牙齒不斷親吻對方的同時，咧開了一個大大的笑臉，高興的和阿姨話家常，心裡，依舊很暖。

宜蘭頭城●討海人

等待沒有黑潮的季節

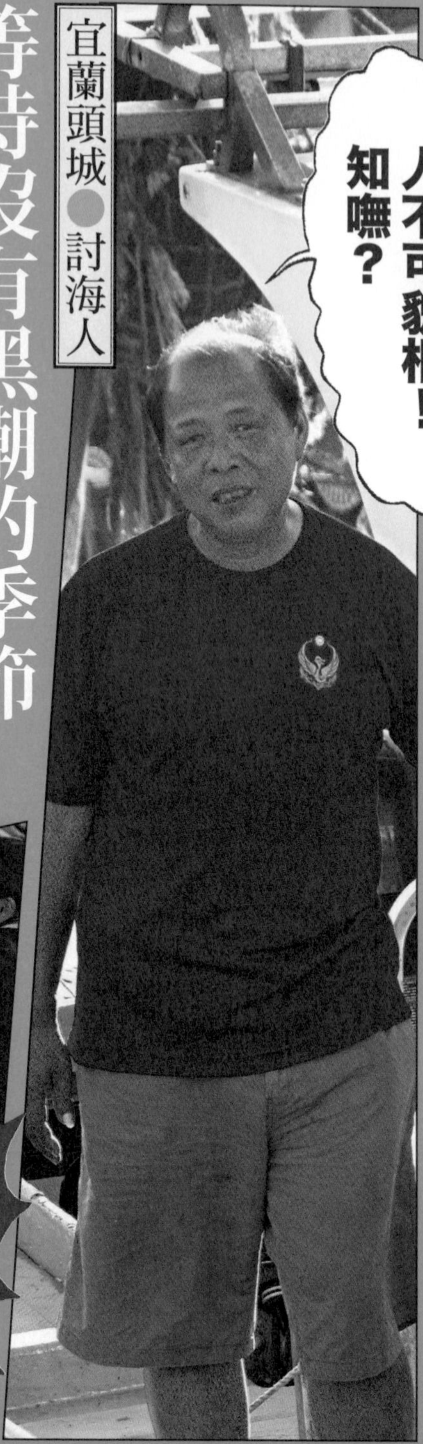
人不可貌相！知嘸？

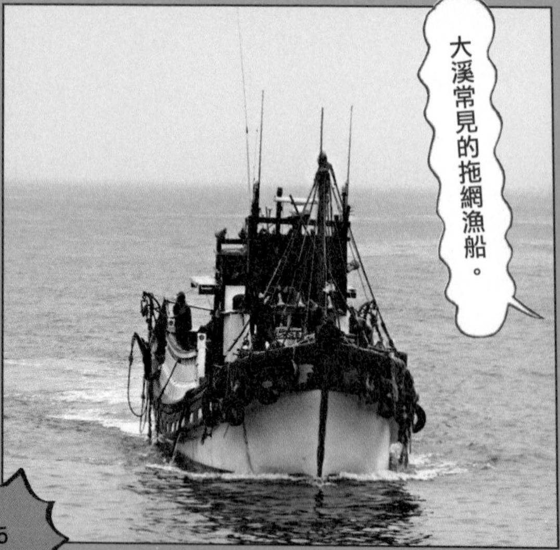

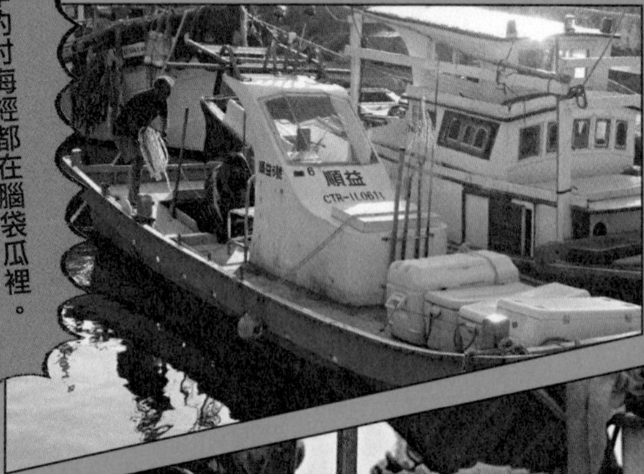
35年的討海經都在腦袋瓜裡。

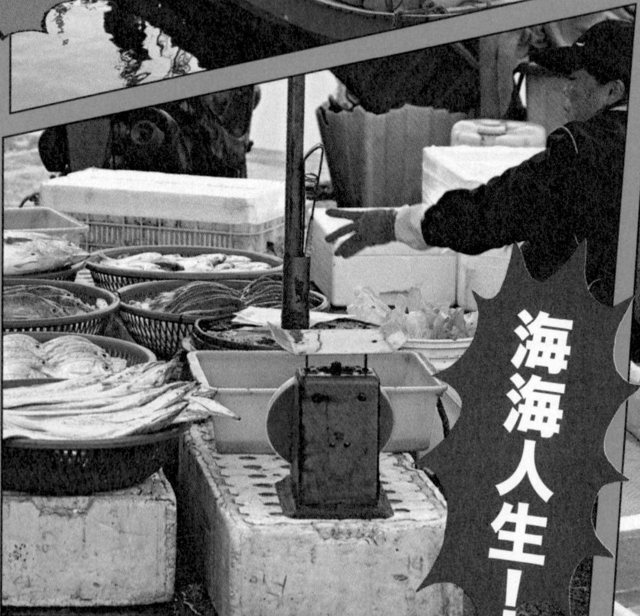

討海人看起來特別的兇悍？颱風來臨前的大溪港口，停了滿滿的船，我鼓起勇氣問他怎麼回事，而這次的自我突破，讓我認識了一個笑起來一點也不恐怖的討海人。他抓的魚，多是在黑潮減弱到幾至全無的冬天時，來到台灣的迴游性魚類。說起釣法他如數家珍，釣蘇齒魚船速要調到一小時五公里、釣馬加魚則是每小時兩公里；龜山島附近海域的潮水究竟按照怎樣冥冥之中的規則來流動，魚群恪遵的交通號誌又如何運作？他學了數十年才有個眉目，而我捫心自問自己的聰明才智，大概到死做鬼都無法理解吧！

他家就位於宜蘭頭城一條名叫濱海路的馬路上，從出生開始，他看到海的次數就遠比看到的人還多，天天都在海邊玩水、身上永遠都帶在海洋的氣味，不是撿潮間帶哩哩叩叩的貝類藻類回家加菜，就是收集稀奇古怪的貝殼和螃蟹當瘋狂收藏家。他是一個被海洋由小看到大的海邊小孩，而對這個從小看自己長大的長輩，如他所言「感覺也不錯」。

以前窮苦的台灣社會，出海捕魚算是一個待遇很不錯的工作。十三歲時，他就第一次跟著叔叔的船出海，說捕魚倒是稱不上，不如說是去玩，對幼小的他來說，興奮之情自然不在話下，至今依稀記得，那時的他拿了一根長網子，對著游在淺水處的吻仔魚和魷魚開心的又撈又抓，這兩者本是魷魚吃吻仔魚的獵食關係，卻全被他一網打盡通通吃進肚。從那之後，他就決定要以捕魚做為自己終身的職業，因為捕魚是他喜歡做的事情，連他家房子老舊請來師傅修繕時，那個對他極有好感的師傅，威逼利誘要他來學土水，結果幫忙蓋完自家的房子後，他依然頭也不回的跑去海邊釣魚釣螃蟹。十五歲那年，他正式成為一名在叔叔的船上，邊工作邊學技術的小小菜鳥漁夫，累積對海洋、對潮水、對天氣、對魚群的經驗，到今日也有三十五年光陰了。

大溪的漁業以近海為主，相較於遠洋漁業愛用延繩釣，近海多是以拖網捕魚，因此漁獲種類又多又雜，他哈哈笑補充說，像以前大溪這裡鬼頭刀很多，現在都被遠洋延繩釣抓光了，近海漁業都捕遠洋船捕剩的魚，不喜歡被延繩釣釣起來的魚，才輪到他們用拖網拖起來。他的生命中，有十多年的歲月，都在人家的拖網船上當船工，身為一名專業的拖網漁船工，如果是捕早上的魚，每日的工作行程，將始於凌晨四點上船後，將漁船開往當天要去的漁場。早上七點下網後，開始補眠；十點上網，將拖網拉上船的一拖拉庫雜貨分門別類，漁獲整理完畢再下網；下午兩點上網後就可以將船開回港，將一日收穫賣給批發商，便下班休息。只有颱風天過後，陸地上所有東西都流到海裡，他們的工作量才會增加，因為拖網中亂七八糟的東西，會比平時多上許多。聽起來很輕鬆啊？他承認這一行真的不會累到哪裡去，尤其現在科技發達，漁船大艘穩健，馬達又強、拖網也有機器幫忙，完全不費力氣。以前，一艘船要五人作業，現在只需三人。但身為一名漁夫，要學的不應該像機器人一樣，一個指令一個動作，老闆說船開到哪就開到哪，為甚麼在這裡撒網收網、甚麼季節捕甚麼魚一概不知，只會開船、撒網與分類魚貨，絕不配被稱為一個優秀的漁夫。他記得小時候，老一輩的人教小孩抓魚時，遵循的絕非甚麼愛的教育，就算從來沒學過如何釣黑毛，只要綁海草的方式錯誤，後腦勺馬上被呼巴掌，外加被罵個狗血淋頭。

大海的潮水流動，在年與年之間、每個季節、每個月份、每一天、每時每刻都處於變換之中。潮水帶來魚群、送走魚群，它是海中交通規則的訂定標竿。而魚群相較於人類，大概是更加奉公守法的海洋子民，謹記遵守潮水訂定的交通規則，每個游向、每個動作都受到潮水的制約。除了受到地球轉動、月娘陰晴圓缺對地球牽引的影響之外，海底的微地形起伏、當日的天氣狀況，在在都會影響海潮的流動。因此，當我質疑他是否有看農民曆的習慣，他不齒的回說，哪需要農民曆，他只靠自己的腦袋瓜子算個兩三下，就能知道今天海中哪裡有哪種魚。這真是不可思議極了，莫非是魔法來著！龜山島附近海域的潮水究竟按照怎樣冥冥之中的規則來流動，魚群恪遵的交通號誌又如何運作？他學了數十年才有個眉目，而我捫心自問自己的聰明才智，大概到死做鬼都無法理解吧。

　　他人生最大的樂趣就是釣魚，而擁有一艘自己的船，可說是自小的夢想。退休之後他仍不改其好釣魚的天性，買了一艘小小的漁船，流線型的船身光只停在港中，就一副能乘風破浪、風馳電掣的樣子，和其他不是掛了一堆叮叮噹噹大燈泡、就是船艙厚重的漁船截然不同，與其說是漁船不如說更像快艇。他得意的說，他的船速超快，人家要五十分鐘才到得了龜山島，他二十分鐘就到，每當他在海上飆「船」一陣子後，回頭看其他落後的漁船，大概是他最有優越感的時候吧！

台灣東北角海岸景觀。

這種類型的漁船，適合用一支釣的方式抓大魚，這裡說的當然不是遠洋漁業抓的那種巨無霸旗魚、鮪魚，但說大也真夠大了，他抓的魚，多是在黑潮減弱到幾至全無的冬天時，來到台灣的迴游性魚類。用鯖魚、白帶魚為餌，釣如土魠魚、馬加魚、鰹魚、蘇齒魚（煙仔虎 yan na hou）、海鱺、石狗公等到南方過冬的大魚，這些魚類單價高，一天釣二十多尾就可入帳萬把塊錢，說起釣法他如數家珍，釣蘇齒魚船速要調到一小時五公里、釣馬加魚則是每小時兩公里；還有潮水混濁代表流向混亂，魚會待在深海水流平穩的地方，但很有可能沒過多久，就可以抓到比平常更多的漁獲（因為大家看大概抓不到魚就先都回家了）。他說這是釣興趣，我倒覺得如果天底下每個妻子的丈夫，都有這種可以賺大錢的興趣，做妻子的大概都會舉雙手贊成吧。

迴游魚類只有冬季才來，因此夏季就是他放暑假的日子，而他的暑假生活規劃，依舊和海洋脫不了關係。五六月，是飛魚產卵的季節，飛魚媽媽喜歡把卵產在海面漂浮的木頭、海藻之上，讓小飛魚晒曬到太陽才會健康長大，而他就會趁這個機會開船去海上撿飛魚卵，他認真的說，好不好吃是不清楚，但一台斤三百塊錢的價碼，就夠讓他全身滿滿都是出海找飛魚卵的動力了。到了七八月颱風多的時候，看氣象報告說宜蘭太平山上雨量達一千公厘，就知道差不多山上的檜木都被沖下山了，他就由撈魚改行去撈漂流木，我說，那是非法的耶，結果他氣呼呼的回了一句，政府自己抓不到山老鼠，就不准老百姓撿漂流木，真不知道是甚麼樣的道理啊。身為一介漁民，他對政府頗有微詞的地方說起來三天也說不完，諸如有沒有捕魚執照根本就沒差，一堆漁船沒執照還不是照樣出海捕魚、光只說幾月幾月是哪種魚類禁捕的時節，卻從不用心管制，有沒有禁捕到底有甚麼區別等等，他擔憂的說，現在的漁獲量比起從前，已經少了不知道多少倍，濫捕濫採的情況卻從未受到節制，未來的近海漁業大概會消失，只剩養殖業還能存活吧！

除了做興趣的捕魚，他做興趣的還有義勇消防隊，專門救發生海難的白目釣客，或是颱風天時回不來的漁船，至今已經四個年頭了，他的興趣似乎都相當有建設性哩。

【相遇小記】

大溪是台灣東北角的一個小漁村，站在村中，朝海面直看過去，不管從甚麼角度，都會有一個巨大無比的「視障」擋在眼前，這位路障大名叫龜山島。對居民而言，這個使海無法海天一片、遼闊無邊的龐然大物，卻是怎麼看怎麼可愛，因為年年夏季時，黑潮流過她伴隨而來的豐富魚群，是居民賴以維生的海中寶藏。

那天是炎熱的八月中旬，海面一片風平浪靜，但漁港中卻停了滿滿的漁船，沒有一艘出海進行漁船應該要做的事，港中一片慘慘悽悽慼慼，沒魚沒人也沒有平常滿天飛的鳳頭燕鷗，只有幾隻長年定居在此的小貓，仍然愜意的在港邊東晃西晃。

雖然我不愛吃魚吃蝦吃螃蟹，但卻很愛看熱鬧，失望之餘，膽子大概也變得比較大，主動用吼的（因為他離我很遠）向港中一艘船上，正在整理收拾粗繩的大叔開口攀談，問他這是怎麼回事。不知道為甚麼，討海人看起來總是特別的兇悍，是經年累月海上豔陽曝曬、強勁海風侵蝕，讓每個人看來都像紋路特別深的黑炭造成的；還是與無情大海長年打交道的結果，讓他們的臉上最常露出的表情，像是老天已經給他倒會不下數百次的大臭臉。

雖說人不可貌相，是眾所皆知的至理名言，但之所以這種諺語會廣為流傳，大概就是因為人與生俱來，就是一種喜歡給別人貌相的生物，而我也不例外。平常到漁村，若想要和人說話，採取的策略都是先蹲在旁邊假裝觀望，直到他注意到我的存在、或是已經煩到無法假裝我不存在之後，主動問我，你要幹嘛？我才順勢打蛇上棍的開始攀談，從來都不敢主動和他們說話。因此，這次經驗對我來說，大概是很大的自我突破，除了知道因為颱風警報未解除，不能出港之外，也幸運的認識了一個很風趣的討海人，當他笑起來時，反差相當大，一點也不恐怖，親和力指數相較不笑時，大概狂漲了八百個百分點。

等他從搖搖晃晃的船上，跳回踏踏實實的陸地後，我問能不能把他的討海人生跟我分享，他滿臉為難外加有些難為情的說，我不會說啦！結果在我的「盧」功拚命發功之下，他還是答應了，那就試試看好了！於是，咱倆就站在港口邊，開始了我問他答的訪談。一開始，我問十個字的問句，他回答我兩個字，不過我這個人甚麼不多就是問題最多，所以場子也不算冷清，問到後來，就變成我聽他講了，所以說，人的潛力是可以無限開發的哪！據我這一路訪談下來的心得，說自己沒故事的那個，通常都是故事最多的那一個，千萬別被人家一開始謙虛說自己沒故事的表皮給騙了。

當天色漸暗之時，他嚇一跳說，等下他還要去廟裡拜拜耶，今天廟裡有事情，說完立刻跳回船上，繼續收他還沒收完的繩索，剩我在岸上鬼吼鬼叫，等一下！伯伯我還沒幫你照像啊啊啊！所以，在這個颱風天，大浪唰唰撞擊漁船的伴奏下，大叔就這麼擺出他最帥的姿勢、在他最自豪的船上，留下了一張影像記錄，照片中的身影，這位生長於台灣東北角一個小漁港裡，熱愛海洋的討海人，就是我這輩子認識的第一位漁夫啦。

老伴，我做到了……

我想用咖啡店將全家凝聚在一起！

台北金山●行動咖啡屋老闆

對妻子的承諾

海風、海景是賣點！
海草養生咖啡研發中！
工程人生！←咖啡人生！

坐在咖啡座位子上，吹著海風，或許是因為沒甚麼浪漫的基因，我只覺得好無聊，於是就跑去問賣我布朗尼的阿姨，能不能接受我的採訪，反正今天客人也只有我，閒著也是閒著就來聊天嘛，她害羞的笑說，哎喲我哪有甚麼故事，要問就問我先生的爸爸，於是我問老先生為甚麼要開行動咖啡店，他的回答卻出乎意料之外，如果我能開一家咖啡店，讓全家人都能以咖啡店為聚集核心，只要誰有空，就回來幫忙，這不就把全家人都綁在一塊，濃得都化不開了嗎？

在我的刻板印象裡，整台貨車載著跑、看到路邊有塊空地，就可以立馬停車做生意、充滿流浪唯美氣息的行動咖啡館，大概全是由有理想不用麵包就可活下去的青年撐起的，更何況來到北海岸這一片天空寬廣、海平面上白浪淘淘，盈溢著撲鼻海洋清香，四處皆充滿了助長浪漫理想基因的夢幻之地。但是，當我走到了這台改裝的咖啡小貨車旁，正準備點個與眼前一片詩情畫意的汪洋相襯的卡布奇諾配布朗尼時，我發現自己錯了，因為這間「店」的老闆，今年七十二歲，而他賣咖啡的機緣，也不是不知天高地厚的熱忱，而是源自一個與妻子間生離死別的承諾。

他出生在北台灣的海岸線上，由家往外一望，盡是海天一色的景致，以及一粒粒渾圓的跳石，那個因為陽明山火山碎屑噴發、直接滾到海岸邊而形成的跳石海岸，就在他們家的正前方。雖然小時候，已經有一條狹窄的小石子路可以通往金山市區，他從未嘗過「跳」石的個中滋味，但這個地名自清代甚至更早，就保留下來了。他自嘲在過去的年代，跳石海岸地帶的人家，大概是全台北縣最窮的人，村裡的居民不是出海捕魚就是在家種田，而他，則是全村子第一個走出去，闖天下的年輕人。

十三歲那年，他跑去金山市街上的雜貨店打工，三年後又到更遠的深澳港邊，參與火力發電廠的營建工程，當人家起重工學徒之餘，也努力增進自己的專業功夫。

他一輩子只讀過十六個月的書，而可能讓現今的所有老師感動到痛哭流涕的是，他是自動自發去學校報名要讀書的。他讀的不是一般小朋友七歲時開始讀的小學，他說，以前住在永興村時，每天就看頭頂上的美國飛機來來回回的投炸彈，跑空襲時間就不夠了，哪有空讀書？更何況去學校的路途「險難重重」，一個不小心，就會遇上和他表哥一樣的下場——上學途中被空投炸藥炸死。因此，直到去深澳當學徒時，他才拿出自己的工錢繳學費、買課本，每天晚上工作結束後，抽空去和老師學習知識。教他的老師是基隆八斗子當地的一位詩人，學費一個月四十塊，教的是漢文，也就是用台語讀寫的四書五經，雖只讀了十六個月，但卻得到了一輩子受用無窮的學問，真的很值得！

當他的學徒生涯結束、也服完兵役後，正好是一九六〇年代末，適逢政府大力推動十大建設的時期，大型的煉鋼廠、石化廠、造船廠、水泥廠等等超大型的重工業廠，一棟又一棟、接二連三的大量興建，在台灣邁向工業化的歷程中，這些重工廠的出現，使得台灣原先質樸小農的氣質，轉化成為一種隱隱約約、想要向全世界證明自己的工業野心，在時代的齒輪轉動之下，原本緩緩的全島工業脈動，越轉越快，急速的向前衝刺。

在台灣工業大量發展的這十幾年間，他隨著各類型工業建廠工程的招標，全台灣到處跑，幫人家蓋廠房倉儲。蓋工廠就像是大建築師，看著設計圖自己規劃廠房動線、各種機房、貯存槽、倉儲的樣式，這種從無到有的過程，最讓他著迷，而克服困難的過程，更是讓他渾身幹勁，當時很多全台灣創舉性的工程，他都是參與興建的一員，「蓋好之

後，都有一堆人來參觀的咧！」他得意的說，自己最會做超大型的貯存槽，用活動型的模板，就可以建造出貯存十萬噸石油的油槽；除此之外，水泥、塑膠、尼龍、沙拉油、造船各式工廠的倉儲、貯存建造，同樣難不倒他，甚至貯存全工業區用水、直徑達三十米的水塔，他做來也得心應手；不但如此，核能發電廠極為嚴格規定的工程標準，他照樣過關斬將，成為工程的承包商，而核廢料被丟到蘭嶼時，他也曾去那個他口中「只有芋頭、水，其他東西通通沒有，吃一餐竟然要好幾百塊」的地方，興建貯存核廢料的廠房。

一九九五年以前，他都過著全台灣四處承包工程、興建各式工廠的生活，萬萬沒想到，自己的職業生涯，後來會驟然而止，結束於台中酒廠遷廠到大肚山的廠址興建，而這一切都因為妻子突然罹患重病。妻子在醫院躺了三年，他陪伴在旁，整整三年。妻子的生命快要燃盡之時，難過的對他說，

行動咖啡車裡裡外外由老闆一手打造。

我就快要死了，再也看不到所有親人，再也沒辦法照顧全家人了，你說該怎麼辦？於是他鄭重的答應妻子，一定會盡力把她一輩子掛念的家，完善的顧好，絕不讓家分崩離析。他說，自己這輩子做過最重要的約定，就是對妻子的承諾。在妻子溘然長逝後，他精神萎靡、心情低落的過了完全無所事事的兩三年，才終於找回了原來的精神，開始思考，自己該如何實現妻子的遺願，想了好一段時間後，他想到了正是台灣當紅炸子雞的咖啡店，「如果我能開一家咖啡店，讓全家人都能以咖啡店為聚集核心，只要誰有空，就回來幫忙，這不就把全家人都綁在一塊，濃得都化不開了嗎？」於是，在對咖啡一無所知的情況下，他開始朝著「要開一家咖啡店，以凝聚家人向心力」的決心而努力。

咖啡的種類一大堆，而他的成長背景，從來沒有機會和這項植物混熟過，如何能夠開一家「咖啡」店？他認真的說，但懂新事物的方法有很多種角度，傳統台灣人自有自己學習咖啡的方法，他不喝咖啡，但喝茶也吃米飯，而咖啡有許多不同種類，不就和也來自不同地區、有著不同氣味的茶葉或稻米相同嗎？於是，他把自己能網羅到的所有咖啡豆，通通拖回家一包一包的喝，哪個是他最喜歡的味道，就成為咖啡店裡販賣的咖啡。一開始，他在三芝淺水灣租店面賣咖啡，但一位台北客人說的話，卻讓他瞬間醍醐灌頂，馬上退了店租，直接衝去車行買貨車。那位客人問他，這裡裝潢那麼漂亮、冷氣開這麼強，這些優點，台北市的咖啡店哪家沒有呢？簡直一語驚醒夢中人，想想自己從小看到大的這片海洋，從小吹到大的鹹鹹海風，才是咖啡店的最大賣點啊！就這樣，他打造一台行動咖啡車，就在自家正下方，開始賣起了露天咖啡——外加一大片大海美景的美味咖啡。

雖然已經不蓋工廠好長一段時間了，但他的行動咖啡屋，仍處處可以看到他一輩子所有工夫的展現，先不說改裝的咖啡車，他從自家牽水管、電線、內建濾水器，讓咖啡屋有乾淨的水與明亮的店面可以使用；又在跳石海岸上花了半年，往下挖了一個有四段式化學池的廁所；還做了一個好幾公尺長、收放自如的大棚子。他說，原本只是想賣咖啡，沒想到越做越有興趣、超有成就感的呢。至於咖啡店的名字，就叫做「海草」，畢竟這裡是海邊嘛，可是光取一個海的名字，好像比較空虛沒有人氣，於是就取了「海草」，畢竟民以食為天嘛，海草又營養又好吃又便宜，自然是好東西囉。他說，人就是要有理想，許多事情要先有願景，才有希望，像他一直在研發一種與他咖啡店店名名符其實的海草養生咖啡，把海草這樣營養的海洋寶貝，加入到咖啡裡，說不定會很成功呢！

最重要的是，他的咖啡店真如他所期望的，凝聚了全家人的心，他的四個兒女、九個孫子（全是男孩！），數年以來，從未間斷，每到假日，都會回到他的身邊一起賣咖啡，一家子圍繞著充滿咖啡香的空間，聽著浪濤聲唏唏唰唰的拍著塊塊跳石，他總在夢中笑著對著妻子說，妳看，我真的實現了對妳的承諾呢！

【相遇小記】

那天早上，我將行李丟在金山市區之後，就在北海岸鄰近地區到處亂逛，先去鼻頭角走了一圈，看了一大堆的奇岩怪石，頭髮被海風吹得像個肖（瘋）婆，外加流得滿身是汗。下午，便隨性坐在公路旁的海邊，呆看著夕陽西下，差點沒睡著，不過卻無意間看到一大群的鳳頭燕鷗，幾百幾千隻的在海平面上飛舞，吃著海洋中的鮮美珍饈，直到天色暗了，我才起身。沿著北海岸的公路一側，有許多的露天行動咖啡車，我隨意踏進了一家，就遇見這個蠻高齡的咖啡店老闆啦。

一靠近行動咖啡車，首先招呼我的是位笑容滿面、身形瘦小的阿姨，而一位阿伯叼根菸不發一語的拿著個捲尺，在一旁對著車子量東量西，然後順手在牛奶罐空盒剪開的內面，記下量得的長寬高。我坐在位子上，啃著小小乾乾熱熱的布朗尼蛋糕，看了半天烏漆抹黑的「海景」、吹了老半天的海風，很遺憾的發現，自己實在是一個沒甚麼浪漫基因的人，好無聊啊！於是就跑去找賣我布朗尼的阿姨聊天，得知了他們原來是住在附近的當地人，我問她，能不能接受我的採訪啊，她害羞的笑說，哎喲我哪有甚麼故事啊，要問就問我先生的爸爸，他的故事可多著呢，而她口中的爸爸，就是那位拿著捲尺對著車比畫老半天的老闆，他說他正在改裝另一輛車子，預計中秋時就能完成，是完全配合家人身高、量身訂做的改裝車！邊說邊意有所指的瞄了自家小個子的兒媳婦一眼。

他說，自己一輩子發生的故事，不論如不如意，都是說也說不完的「無限章回小說」，所以只能簡單的跟我說他人生的一些「重點整理」。不過透過這些重點整理，仍能看到一個屬於他的清晰形象，這是一位從小就只靠自己的堅強老先生，是一位為台灣經濟起飛貢獻良多的無名英雄，但除了這些之外，更讓我敬佩的是，他不但工作認真正直，對家庭的照顧、對妻子的堅貞情深，更是讓人完全挑不出毛病。他的承諾，只要答應了，就一定會做到的吧！

台中市●青年創業者
雞蛋糕的夜市人生

或許是肚子餓扁了，幫她的雞蛋糕增添不少滋味吧！一吃就覺得滋味不賴，於是，我就站在她攤子旁邊，吃著雞蛋糕，聽她說創業的心酸，就這麼閒聊起來。她的生活很簡單，下午五點提著雞蛋糕材料，騎著小綿羊到攤子上準備開賣，有時也帶著狗狗一起來顧攤，忙到晚上十一二點回家。隔天早上在家裡準備當晚要用的材料，很規律、很讓人心安，也是她喜歡的生活方式。就像雞蛋糕一樣，簡單的味道，卻不會讓人生膩，就像她所追求的幸福。

下午四點多，逢甲夜市條條白日冷冷清清的街道，神奇的出現一大堆不知打哪推來的小車子，如火如荼的開始為夜晚的盛宴做準備，簡直就像是陽光消失黑夜降臨後，百鬼夜行的出巡場面。這邊賣韓國辣炒年糕的大哥，正火速的倒著光看舌頭就麻了的火紅的辣醬；那邊賣加熱滷味的大姊，正把幾十幾百顆雞心雞肝雞屁股全往攤子上搭。

整條街子上滿滿都是食肆，各式的七彩霓虹燈在黑夜中競相爭豔，全是為了吸引路上行人的回眸一望：賣印度拉茶的，攤子上滿是紫光水晶燈以營造印度的神祕風情，而且總要有個陽光大男生在攤旁表演拉茶絕技；賣炸雞排的，用的是黑紅黑紅的小簾子，老闆在簾後琵琶半遮面、雙手忙得停不下來，攤子四面八方都可以嗅到雞肉油香。

夜裡的市集是一片燈火通明、人聲鼎沸的空間，各種味道衝擊著行人的眼耳鼻舌身意，各種肥美多汁的食物都在呼喊著「來吃我吧！來吃我吧！」熱騰騰的夏夜，人群中每個簇擁逛著街的人無一倖免，人人臉上油光滿面全身黏踢踢，但大家還是開懷的笑著、邊走邊吃著，很市井小民，很幸福。

她的攤子不在人聲鼎沸的主要幹道上，在這裡，混雜的味道淡了些，蒸騰的氣氛也退燒了些，而她細聲細氣的聲音、沒啥表情的淡然臉龐，更是把整個喧鬧的夜市氣氛降溫至少二十度，來到人體會感受到舒適的室溫。她的攤子，讓我感受到的氣氛不是大剌剌的食肆風情，而是小家碧玉的溫暖，賣的東西也很符合她給人的整體印象，是簡簡單單的雞蛋糕。

暈黃的燈泡在夜裡遠遠看到就覺得暖洋洋，越走越近，會注意到招牌上有隻黃澄澄小雞仔，告訴大家這裡提供現做的雞蛋糕，攤子上微微的紅苗燒著，裝在不銹鋼桶中的奶黃麵糊在她熟練的操作下，一一倒入攤開的白銀色的模具中，蓋上模具翻來覆去的烤個三分鐘，熱騰騰的雞蛋糕就出爐啦，也幸好這附近沒有賣碳烤賣日式炒麵賣炸花枝的攤子，雞蛋糕散發出來的淡淡奶香，和麵粉特有的樸質香氣，才能夠被人們尚未嗅覺疲乏的鼻子聞到。

她是一個很不典型的生意人，有著很白的膚色，看起來就是一副長年不見天日的模樣，賣起雞蛋糕，臉上清一色是一片空白，就算偶爾露出點笑意，也是很有格調的不露編貝；少話，一點兒也沒有生意人常見的長袖善舞、舌燦蓮花，可以把死馬說成活羊。她是一個做事情很認真執著的人，從她手上賣出的東西，絕對天然健康；她跟化學很不熟，食材只識得雞蛋、麵粉、鮮奶和砂糖，因此她的雞蛋糕就只加這些東西，沒有其他。

她大學學的是設計，和雞蛋糕八竿子打不著

邊，她尷尬的抿嘴笑著說，在她好傻好天真的年紀，以為設計就是去畫畫花畫畫草，萬萬沒想到學設計原來是天天看電腦，把眼睛看到脫窗的工作。

「誤入歧途」之後，只好將心力轉到從小就喜歡的食物方面，她家是在逢甲夜市旁開火鍋店的，自小就有緣認識不少飲食界的師傅，她喜歡看著那些老師傅做菜，跟在旁邊學，只要是吃的都喜歡試著動手做。隨著年紀漸長，她發現自己無法忍受朝九晚五的上班族生活，於是開始動腦筋想要自行創業，做甚麼好呢？當年她很迷日本料理，就去學做日式壽司來賣，賣著賣著卻發現壽司花樣太多，準備起來實在很崩潰，人生還是簡單一點比較開心，於是又去和麵包師傅拜師學藝，開始研發她心目中最美味、最有古早路邊叫賣阿伯味道的雞蛋糕，她樂天的說，反正食物的花樣成千上萬種，換都換不完啦。

屬於她的雞蛋糕，添加的是純鮮奶，膨鬆的金

單純的女生，賣著令人心安的雞蛋糕。

黃色外皮包覆著柔軟的香甜糕體，用人工的方式控制火候，烘烤到乾溼合宜的程度，她希望，自己的雞蛋糕吃起來很健康、對身體沒負擔，不會膩。也因此當年她在研發食譜時，費了數個月的時間下苦功，試做試做再試做，試吃試吃再試吃，到現在她看到雞蛋糕其實有點害怕。

她說，沒有實際創業過，根本不可能知道當中的辛苦和心酸，實際去做，就會發現每個環節都要傷腦筋，根本不是想像中那麼一回事。除了產品要大耗腦力，攤位小車子的購買、在夜市中租攤位等同樣都是要學的學問，逢甲夜市中最貴的月租要十八萬，就算租了攤位，警察仍然會來開單，大部分的客人都很「感心」，還會幫她罵警察說不去抓真正的壞人，來這邊開甚麼罰單，但找碴的奧客仍是不少，她嘆了一口氣幽幽的說，以前還會暗自生悶氣，現在已經練到差不多可以媲美不動明王了吧！

她的生活很簡單，下午五點提著雞蛋糕材料，騎著小綿羊到攤子上準備開賣，有時也帶著狗狗一起來顧攤，忙到晚上十一二點回家，隔天早上在家中準備當晚要用的材料，很規律、很讓人心安，也是她喜歡的生活方式。就像雞蛋糕一樣，簡單的味道，卻不會讓人生膩，就像她所追求的幸福。在台灣長大的人們，總有個記憶中沿著大街小巷賣雞蛋糕的阿伯，用簡單的食材，卻能像變魔法一般，將那質樸的糕香，深深的刻印在每個小朋友的心中，她希望自己的雞蛋糕也能有這樣的魔力，帶給大家屬於台灣記憶的簡單好滋味。而她現在最大的夢想，就是將雞蛋糕研發的更為與眾不同，將來開一間特別的專賣店，繼續給世人帶來幸福喔！

【相遇小記】

夜晚的逢甲夜市裡攤販多、客人也多，整個巷子擠滿滿全是人，空氣中飄散著五味雜陳的食物氣息，炸雞味、碳烤香、滷汁味全混雜在一塊，攪和成台灣正港的氣息，遠遠望著，會很想進去人潮裡感受一下摩肩擦踵的樂趣。

誰知進去五分鐘，立刻又想要出來吸點空氣，而我即是在臭著一張臉、千辛萬苦的翻過了千山萬水、好不容易才從洶湧「人河」之中爬上岸、宛若浩劫重生、重見天月之時，見到她那黃澄澄的小攤子，看著那隻招牌上笑得不知人間疾苦的小雞仔，加上肚子好餓（家家攤販都大排長龍，有錢也吃不到），於是就上前買了一包雞蛋糕吃，或許是肚子餓扁了，幫她的雞蛋糕增添不少滋味吧！一吃就覺得滋味不賴，說驚為天人那就太誇張了，一聽就知道是在胡謅，但好吃是必定的。於是，我就站在她攤子旁邊，吃著雞蛋糕，跟她閒聊起來，聽她創業的心酸，還自以為很懂的給建議（其實我只會燒開水做水煮蛋），建議她做抹茶皮口味的（其實是我自己愛抹茶味），她說哪天就來實驗看看，我說下次來逢甲夜市，我來瞧瞧你研發出來了沒。

結果半年後再訪，雖還未見新品，不過這次，我點了一個抹茶餡口味的雞蛋糕，一口咬下，綿綿甜甜的，用舌頭舔了舔嘴角的綠綠餡料，在充滿五味雜陳氣息的夜市裡，清新宛如春日的青草香，在這深夜充滿日光燈的街道巷弄裡，我彷彿驚鴻一瞥看到了明天的旭日晨光。

彰化鹿港●泉州阿嬤

民國三十四年。過渡黑水溝

阿嬤可不可以把住在鹿港這麼久，一輩子發生的事情告訴我呀？喔～這要講很久喔～阿嬤妳愛講多久就講多久，我很閒的～於是，一個很長、很老、很遠的故事就這麼細細的再現於我的眼前。話說那種橫越黑水溝的小船，依靠風吹前進，超級會搖晃的，一艘可以坐十多個人，大概一天一夜才到得了台灣，她記得所有船上的人，幾乎是一坐上船就開始暈，一路上吐到膽汁都吐出來，看到陸地時簡直沒不高興得痛哭流涕，直在心中吶喊，天啊，終於到了！

台灣政界，最愛分誰是閩南、誰是客家、誰是外省人，然後天天爭吵不休，誰才是真正愛台灣的台灣人。但是她卻很難被歸類在哪一個族群，更顯得政治人物面對選票時，硬要對立不同族群的操作手法可笑。一般來說，政治術語上的「閩南人」，大致指的是清朝時期甚至更早以前，就從福建遷移到台灣的族群，而「客家人」也差不多，只是來的地方、說的話不同而已。至於「外省人」，則是專指民國三十八年左右，繼日本戰敗後，跟著不敵共產黨的蔣中正逃到台灣來的兩百萬人口，其祖籍遍及中國各地區、各省份的人全都跑到了台灣小島上。但是「她」的出身卻難以分類貼標籤，她們家是福建泉州錢江人，講的是道道地地的閩南語，卻一直到民國三十四年，才由中國來到台灣，和外省人來台的時間差不多，那麼她到底是「閩南人」還是「外省人」？

她的生命經驗相當寶貴，畢竟許多曾經坐著小風帆來到台灣開墾的開台祖、開基祖大概都因為年代久遠全投胎轉世去了，現今島上就算是百歲人瑞，也多是土生土長在台灣，或開台先民數代以後的子孫，從未經歷過波濤洶湧的黑水溝洗禮，但她卻親身感受過先民華路藍縷來到台灣的心情，親身體驗過黑水溝讓人從上船那一刻開始吐，直到下船踏到地面才終止的威力。她的記憶就是史料、她整個人就是一篇歷史。學歷史的人，如我，能遇到她簡直有種如獲至寶的感覺，再加上她思緒清晰、聰慧機敏，和她說起話來實在輕鬆愉快，她又說得一口字正腔圓的標準國語，標準之餘又帶有一絲婉轉動聽的南方腔調，對於我這個聽漳州腔長大、無法完全理解鹿港人普遍泉州腔的假泉州南安人，實在是溝通上的一大福利（我們家祖籍雖是泉州南安，但久居左鄰右舍都是漳州人的屏東平原，口音早已被漳州化）。

十歲以前，她住在泉州錢江，早期中國東南沿海地帶，人們要過生活，不是去海上撈撈魚，就是在自家附近種種田，沒水沒電沒瓦斯的過著日子，生活很不好過。於是，她好幾代以前的祖先，就有一支跑到台灣鹿港發展，專做台灣和大陸間的轉口貿易，賺了一大筆錢，在鹿港置了數都數不清的田產；而她們家倒是一直安份守己的待在泉州，從未離開過。父親為了維持家計，在她三歲時，到菲律賓從事貿易工作，之後因為發生了中日八年抗戰，海上全給封鎖不准相互往來，因此，直到十歲那一年，父親回家，她才認識了自己的父親。沒過多久，回家的父親就接到一封從台灣寄來的信，大意是說家裡某個長輩過世，叫他們快來鹿港分家產，於是，她老爸就帶著整個尚留在泉州的家族，搭上無馬達的人力風帆小船，搖搖晃晃的來到台灣了。

那種橫越黑水溝的小船，依靠的是風的吹送來前進，船底不是尖弧形的，而是超級會搖晃的平底船，一艘可以坐十多個人，大概一天一夜才到得了台灣，她記得所有船上的人，幾乎都是一坐上船就開始暈，一路上吐到膽汁都吐出來，看到陸地時簡直沒有不高興得痛哭流涕，直在心中吶喊，天啊！終於到了！而且神奇的是，一踏上實實在在的地面，頭馬上就不暈，還精神奕奕的沿著鹿港的紅磚路走上好一段距離，到她的大伯家投宿。

第一眼看到的鹿港，哇！好多的鹽田，鹽埕土地滑得讓她差點剛到台灣，就摔了一個狗吃屎。

鹿港身為台灣早期極度繁榮的地方，屋子不是鄉下的三合院，而是街道巷弄中密密麻麻的街屋，那是種很長很長的屋子，都附有天井採光，每家每戶的門面都裝飾得相當具有巧思，大門上都題著「甚麼甚麼衍派」，來宣告這是誰家的屋。鹿港比起她自小住的錢江是熱鬧多了，就算光復初期的鹿港，已不比清領時期的商旅往返、熱鬧非凡的盛況，但無論如何，這裡，就是她後來住了近七十年歲月的地方，而她們家，就是被戲稱為「鹿港施一半」的施家。

她十歲才在錢江讀一年級，來到台灣後又重讀一年級，小學五年級時，終於受不了比全班同學都還高、鶴立雞群的羞辱感，哭哭啼啼的跟母親說，她不想去讀了，從此以後就在家裡幫忙。父親來台之後，做的是木屐的生意，就在她大伯開的種子店門口賣，她有時也會跟父親一起搭台糖的小火車，從鹿港坐到員林拿木屐材料，人們都喊那種叫做五分車，因為火車的軌距只有國際標準的一半。

就如同所有傳統漢家的婦女一般，到了一定年紀，在媒人的介紹之下，她出嫁了，夫家離自家走路只要五分鐘，是鹿港小鎮世代做廟宇樑柱石刻工藝的家族，她的丈夫也是一位雕刻石匠，但婚前她從未看過自己的丈夫。記得出嫁那天，夫家的人送來了一隻豬、一隻羊當作禮物，她就穿了一襲借來的大紅色中國傳統禮服，坐著轎子被搖來搖去的抬到夫家了，那時也沒有甚麼辦桌請客，頂多就是因為兩親家距離太近，所以轎子又繞去媽祖廟那邊晃了一圈才又晃回來，請了四個親戚家的小朋友，兩個負責敲鑼打鼓、一個放鞭炮、一個拿一串檳榔，熱鬧一下而已，她呵呵笑著說，自己五十年前出嫁時還坐轎子，沒多久之後的新娘都是坐計程車了。

傳統婦女該有的生活，就是她大半輩子的寫照。成為別人家的媳婦，並不是生命簡單的變化而已，當時每家每戶都是大家庭，一間屋子住了二三十個人，不但有各路人馬的親戚，還有數個學徒，小小的媳婦在大大的家庭屋簷下，初嫁進來時，沒一張熟悉的臉孔，連丈夫也是看到就歹勢，大男人主義的丈夫不會對你太好，公婆常會看你不高興就賞你排頭吃，而這樣的生活也只能盡全力去適應。她說，以前就是人太多了，一生都是一打十二個或一捆十六個，所以都沒在稀罕，家裡女兒全拿去送人當童養媳，男的才留下來養。那是個人命不太值錢的年代，身為一個大家庭中的小螺絲，你的價值不在於你這個人本身，而是在於你所扮演的角色，而當你演的不太好時，就會被說盡閒話。

她一天的所有生活作息都待在家裡，日復一日。但回憶起過去的歲月，她說那時也不會覺得無聊，每天都有忙不完的工作，早上五點就要起床，

開始生火煮稀飯，而生火是一件很不討喜的工作，尤其是家裡的燃物沒有木材只剩稻草時，稻草燒起來黑煙瀰漫滿屋，人還得要蹲在火爐前，用一根中空管子對裡面猛吹氣，火升好了，整張臉也變黑，至於煮飯同樣累人，夫家的煮飯盆寬度是二尺四，

小孩子都可以進去洗澡，每每吃飯就是席開三桌，煮飯鍋巴都會一大堆。六點準時開飯是指男人的時間，女人只能等男人吃飽喝足離開家去工作後，才能吃剩下的菜尾，她到現在仍覺得這實在是沒道理的事情。快速吃完以後馬上得開始洗衣服，她力氣小，就連打水都只打三分之一桶（不然根本提不回來，要不然就是提回來桶中的水也都撒在沿路了），洗衣服時手沒力的她都很懶得用手搓，常常用腳踩個兩下就算洗好了，雖然衣服從沒洗乾淨過，不過丈夫好像也沒抗議，她就用這套奧步「行走江湖」數十年。她笑說以前比較邋遢，光日常生活的家事就忙不完，家裡都沒打掃，警察每半年一次說要來檢查，她們家的女眷才會急急忙忙的黎明即起，灑掃庭除，要內外整潔，不然警察檢查完後若不通過，在門戶上貼了一張代表不及格的大黃紙，那就真的是丟臉丟到家啦。

每天早晨洗完衣服之後，馬上又要忙著煮午飯。煮完午飯，下午的時間可以閒下來看個連續劇了嗎？她大叫著，碗糕咧！反駁我的說詞，首先，哪來的電視？再者，婆婆哪會看得慣你閒來無事的樣子？如果真的事情都做完了，也要裝作一副很忙的樣子，她會拿著草繩做草帽、團扇，自己賺一些零用錢，不然在夫家真的是一毛錢都沒有，娘家也不富裕哪會塞錢給她。想要自己賺錢是想出門逛街時，可以買些喜歡的小東西嗎？碗糕咧！她又大聲的用著這個很具個人風格的用詞大聲反駁我，那時的女性不管是不是出身富貴人家，大門不出二門不邁才是常態，她說，雖然自己不像從小在鹿港看到的富家小姐「神龍不見首尾」，全由小丫鬟上街頭幫忙打點東打點西，但有次她在夫家閒著閒著，就拿了錢出門去看了一齣歌仔戲，回到家差點沒被家法伺候，嚴重程度遠遠大於有一次，她在點著油燈的廚房煮晚飯，手不小心一揮就把油燈揮到整鍋飯裡，被臭罵一頓的程度。但她仍惜福的說，自己已

阿嬤做了一輩子的家常菜。

經比那些完全不被准許出門、綁著小腳的大家小姐好命多了，她總覺得那些鎮日在街上活活潑潑、嘰嘰喳喳的小丫鬟，都比被服侍的小姐快樂得多啊。

我第一眼看到的她，恬靜的坐在一張竹椅子上，就在自家的大門口，門沒關，可以看到她身後的神明廳和高高的屋樑。她戴了一副很新潮的黑色膠框眼鏡，對比她身後因為政府禁止改建，而全盤保留原貌的房屋，有種時空錯置的趣味。那是個雕梁畫棟的美麗街屋，門上龍飛鳳舞的寫著「桑蓮瑞冬」的堂號，而最有趣的是，那是表明這屋是姓黃人家所住的，但她姓施、夫家姓張，就是沒人姓黃，她們家買這屋子至今已七十年，大家都懶得去改那個「門牌」（堂號），就這樣將就的用了數十年了。對她來說，這不只是棟屋子而已，還承載了大半生的青春與記憶，她在這棟屋子裡結婚，生了五個孩子，直到現在的兒孫滿堂（整個下午我和她聊天的時間，不時得挪動椅子讓屋子裡的兒孫出門，盛況真如川流不息一般），她知足的說，現在的她很快樂，健康平安就是福。

【相遇小記】

鹿港小鎮，許多保留下來的舊時街屋，至今都被翻修，成為觀光客們散步旅遊的空間，而這些街屋中，仍居住著許多的當地人，有些生意頭腦的，就會在自家門口擺起小攤子，賣起一些小東西，更乾脆一些的，就把自家門口當攤位租出去，當起包租公包租婆，我就是在這些個當地政府規劃出來的街上，遇到這位老太太，她就坐在自家門口一張有靠背的竹椅子上，一手搧著蒲葵扇，翹著二郎腿，一派輕鬆的調調，口中軟軟的喊著，來喔，手工梅餅喔。

捻塊試吃的梅餅，我一邊塞入口中，一邊問，阿嬤，妳住在這裡啊？她回說對啊，我又問，那阿嬤可不可以把住在鹿港這麼久，一輩子發生的事情告訴我呀？她說，喔～這要講很久喔，我說，阿嬤妳愛講多久就講多久，我很閒的，於是，在這條很有古意的長街上，一個很長、很老、很遠的故事就這麼細細的說了起來，而且，講故事的人，可不只這位氣質老阿嬤一人，她的左鄰右舍來來去去，看到我這麼一個生面孔，都會過來「瞭解一下狀況」，知道前因後果之後，也會熱心的在一旁「補充說明」，阿嬤漏了哪段、少講了哪裡，立刻有人幫忙補上，我聽不懂的典故，還有人幫忙解說，完全是一堂，由許多正港鹿港人開講、非常身臨其境的鹿港文史古蹟課程。

走在這條古今混雜錯置的長街上，兩側綿延著雕梁畫棟的街屋屋簷，口中含著一塊入口即化的梅餅，聽著阿嬤，還有很多其他的阿公阿嬤講古，真是相當有趣，附帶一提，那手工梅餅超好吃的喔。

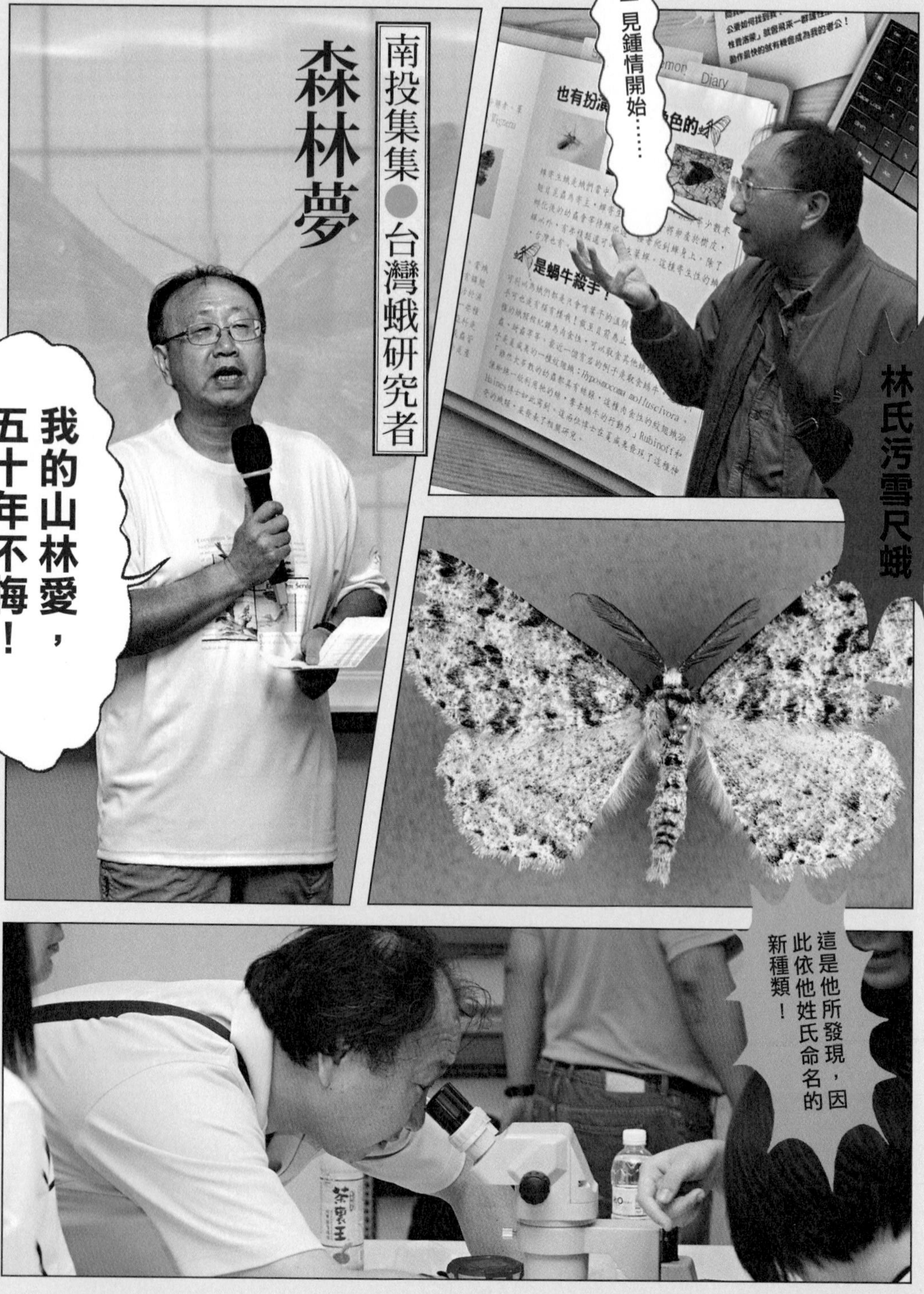
南投集集●台灣蛾研究者
森林夢
從一見鍾情開始……
是蝸牛殺手！
我的山林愛，五十年不悔！
林氏污雪尺蛾
這是他所發現，因此依他姓氏命名的新種類！

可不可以接受我的採訪？這可行嗎？野心太大吧？有別於其他蹲在路邊的訪談，這回竟經過一番質疑與辯解，才得以跟著他進入自古就長在那兒的台灣山林。從他少年一見鍾情的那山那水，進而慢慢的，看見數千種群山遍野飛舞的台灣蛾類。若說，山林能有這樣的知音真是幸福，是過於煽情的說法，那不如說，他把自己的夢想砸在這一片山林之中，是一場再划算不過的人生大投資！

他有一個森林夢，這個美夢，或者說是夢想，自他高一那年的寒假，就開始慢慢渲染他的人生、影響他的決定、成為他看事情的方式，而這個故事，要從他小時候開始說起。

出生於台中豐原糕餅店，老爸老媽一輩子都住在平原地帶，對台中東邊的那一片山林荒野，從來沒想去認識，也沒空去理解，而他也就這麼被養大了。他是一個很平凡的人，學業方面，過得去，但也非頂尖，能力分班制度之下，國中從一、二年級的優等班讀成國三的中等班；個性方面，肯定不是個乖小孩，國中時黑白兩道都有混，不能說是離經叛道，但也絕非是循規蹈矩。幸運的是，國中時期的朋友，屬於「白道」者，對他的影響遠大於「黑道」那一群狐群狗黨，他說，那群男生平常和他一樣，很愛玩，沒想到國三時發狠讀起書來，不是考上台中一中就是二中，較差的也上衛道中學，就他一個考上豐原高中，不可諱言，他受到了震撼，但男生們性子大氣豪爽，倒也不會因此而小家子氣的就此老死不相往來，大家仍是很好的朋友，高中也沒斷了聯絡，時常約出去玩、出去吃東西。

就在高一那年寒假，其中一個同學在林務局工作的父親，安排了兩輛公務車子，載著一群高一小毛頭往山上跑，沒甚麼建設性的學術計畫或正式的目的，就只是去玩。沿著中橫公路到梨山、合歡山、武陵農場等地，海拔兩三千公尺上的景色，群山萬巒綿延無盡，冬季的空氣冰涼冷到骨子底，讓他天真卻無比堅定的決定，未來要到這個被高山環抱的人間天堂工作，他想要成為一名不但喜歡、更可以真切懂森林、瞭解森林的工作人員。有了目標與夢想的人，絕不會虛度光陰，高中三年，他一方面耐著性子，認真的讀那些死人骨頭教科書，一方面自發性的蒐集談森林的相關資料，當時聯合報連載保真的〈森林三部曲〉，其中談到人與自然、森林、上天之間的關係，對他影響之深，決不是三言兩語就可道盡。

大學聯考時，他不改非森林系不讀的志向，志願表上只填了台大、中興、文化三所有設立森林系的大學，而他的父母親也不會管這些，只要小孩子沒變壞，這對夫妻可說是完全以自由主義為行事準則標竿的奉行者。結果，聯考結果一出來，榜上無名，他瀟瀟灑灑的落榜了，致命傷在數學與英文，前者只考了零點二分，後著也只是五十步笑百步的九分，沒考上當然是要重考，不過這段期間，他也試了試三專的聯合考試，因為屏東農專也設有森林相關科系。報名當天，他忘了帶筆，跟服務人員借筆，結果被風風涼涼的回了一句，「你自己到對面街上買」，其實人家這樣說也沒錯，但他就是氣不過，過了馬路到對街後，沒進書店買筆，就直接去旁邊的補習班，報名重考班了。

重考階段的生活，是一種停滯而膠著不動的日子，只有最終考試日在黑暗中大放光芒，雖說他報名了重考班，但在裏頭讀了半年差點沒發瘋，便從補習班大門奪門而出，之後，就靠自己在家慢慢唸、慢慢磨的熬到大考的日子。這次的聯考戰役，雖說他的數學仍是慘戚戚的滿江紅，但靠著英文拉起了整體的成績，老天讓他考上了台大森林系的植物組，他笑著說，還好沒考上台大森林系中最高分的工業組，因為其必修中超級無敵難的高等微積分，大概又會讓他讀不下去直接回豐原重考。大學生活第一年，他過得很寂寞孤單，因為同學全是論打論綑從建中、北一女、中一中、中女中等等名校來的高材生，而他一個豐原高中畢業的少數民族，說出自己學校的名號，人家還會「哈？」一聲表示沒聽過。誰都不認識的他，一個人眼中的台北的天空，不知道該是怎麼樣的色彩呢。

他在大學的表現，同樣維持從小到大一貫的基調——普通，就只有辨認植物名字這方面最能傲視群倫。就這樣，他在這個從小夢寐以求的系所中，慢慢的學習、成長茁壯，一步步的考上森林系的研究所、通過林業相關公務人員考試，總算第一步完成了從小成為一位森林工作者的夢想。等工作指派分發的期間，為了填補這段空白的時間，他還跑去當時正蒸蒸日上的房地產產業打工，但又很神奇的做了二十一天就離職，理由是討厭騙人。就在這時，他遇到了太魯閣國家公園管理處的處長，由於以前大學暑假時，曾經去溪頭、墾丁等環境優美氣氛佳的地方，當除草工及暑期解說員，因為這層經歷，他就去了太魯閣，作了將近兩個月的臨時工。

最終，他被分發到林業試驗所，到高雄六龜深山裡的善平工作站服務，他笑著說，他的人生有很多「冥冥之中」，這次又在老天的幫忙下，沒被分發到林務局，不然依他有話直說的個性，大概又會混不下去啦。深山工作站裡小貓沒幾隻，大家都知道他只是來「沾醬油」，志不在此而在解說教育，對他也沒多高的要求，讓他閒來無事就看看書，站裡的老前輩也對他說，林業試驗所是研究單位，認真讀書、充實自己，就算對得起國家。不過當時的六龜，是全台灣最後一個還在砍伐森林的地方，估算伐區中林木種類及材積量的「每木調查」也是他的工作之一。工作人員一起深入預定伐採的林地，對著每棵樹用眼睛目測法，喊著「楠木，胸徑三十公分、樹高十五公尺；堅木，二十五公分、十八公尺」等術語。當然，遇到較不具經濟價值的雜木只要如此喊喊即可，若是碰上昂貴的樹種，諸如烏心石、櫸木之類的，就得精精準準的量了個實實在在才行啦！他說，那時的伐木業者總會竭盡巴結之能事，林務人員，有時不是被武力威脅、就是被金錢利誘。放行木材時，遇上業者請喝酒吃飯是常有的事，在六龜服務期間，便有業者欺他是新人，在檢尺作業尚進行時，邀他一起去屏東喝個不醉不歸，千算萬算就是要把人騙離作業現場，這事，如他所言，太扯了吧！而他也很膽小的不敢跟去，乖乖的完成檢尺放行的任務。

六龜工作站的生涯果真是「沾醬油」，不久，他就被調到太魯閣國家公園管理處解說教育課，每天就忙些出版書籍、辦理活動、培訓解說人員等等事宜。他是一個對任何事都很有見解的人，每次開會總侃侃而談，主持會議的長官就會問他旁邊的人對他的說法有何意見，同僚因此都不喜歡坐他旁邊。簡而言之，充滿幹勁、有主見的人在長官眼裡看來，說好聽是積極任事，說難聽就是會打嘴砲，所以他一直都知道，公務員職等共有十四等，他在這裡的結局大概會以五等進五等出做為收尾，而最後也真如預期。

三年的東部生活，娶了老婆、生了一個小孩，他哈哈大笑著說，來自苗栗通霄的太太很龜毛，做月子時非吃自家養的雞不可，結果岳母就得由通霄帶著宰殺好的雞、坐著火車千里迢迢來花蓮燉雞湯，實在麻煩，讓他動了想回西部的念頭。

當時南投縣集集鎮的「台灣省特有生物研究保育研究中心」即將成立，得知消息後，他想調去那兒工作。沒想到台中東勢的雪霸國家公園管理處和特有生物中心一樣，在同一天成立，但他待了三年的國家公園系統裡的長官、同事卻沒半個人告訴他，雪霸和太魯閣一樣都是國家公園，不但可以做同樣的事情，而且就在他豐原老家的隔壁，他幽幽

在高海拔工作站開始抓蛾、研究蛾的歲月。

的嘆了口氣，原來自己的人緣這麼差啊！質樸、有話直說的人就是不討好，好像是千古不變的道理呢。但事過境遷大局已定，他就這麼懷著一顆受傷的心靈，到了南投集集的「台灣省特有生物研究保育研究中心」服務，至今也有二十個年頭了。

一到中心，他被分派到棲地生態組森林生態研究室，工作就是做研究，他不是個頂愛做研究的人，讀研究所時寫論文，絞盡腦汁擠出來的總是沒幾個字，指導教授唸他，就是相關的書籍、研究報告看的太少，才會落到這種田地。而到了中心還要重操舊業，他尷尬的承認，自己不過繼續吃他老師當年的口水。合歡山的冷杉林物種組成地理分布分析，做了五年，和老師曾經用電腦運算全台灣氣象站的資料後，用推估方式做出的一個植群分布模型，根本是大同小異；而且只用合歡山當地的研究，就想以之概括全台灣的冷杉林植群分布，實在有些以管窺天、以蠡測海，令他至今想來仍會冒冷汗。

既然不喜歡做研究，那還能幹嘛？他想了老半天，覺得自己玩電腦的程式設計還行，剛好，他成為一個案子的計畫主持人，當時為因應台灣正流行的「生態工法」，水保局和林務局對將進行溪流整治的河段展開生態調查，而他負責的工作，就是統整大家在各地溪流進行多種生物類群的調查資料，面對預估將有的數萬筆資料，統整起來會是怎樣的光景？他發現，過往的處理方式相當沒有效率，於是他寫了一套資料庫程式，專門對付這種龐大的資料，沒想到越投入，越樂在其中，計畫結束後仍意猶未盡。

之後，他被調到合歡山高海拔試驗站當站主任，由於前任站長同為森林背景出身，任職十年早已把高海拔僅有幾樣植物研究得徹徹底底，導致他不知道該做甚麼，陷入窘境之下，電腦技能又再次救了他。在山上那個如他所言「不自己找些事情來做，就會無聊到起肖（發瘋）」的地方，為了找些東西來充實自己的資料庫，他把算盤打到蛾類身上。一個森林系出身的人，對於群山遍野四處飛的蛾類認識，自然不會多於不會四處趴趴走的樹木，不過，他萬萬沒想到，原本以為和蝴蝶一樣，至多就兩三百種的台灣蛾類，竟然高達四千多種，這下子資料庫數量，的確是如他所期望的，有很多可以填充了，只是多了不是一點點，而是一大堆。

在山上抓蛾的歲月，他用的不是傳統的掛白布打燈光，而是很「科技化」捕蛾法——會議室牢籠捕蛾法，完全不用熬夜守在一旁，只要把試驗站會議室的燈全開，隔天一早再來「採收」進來就不太會出去的呆呆蛾就行。四年的努力，他採集到了八千多件標本，全都成為資料庫中的一筆筆資料，每隻都有清楚的採集地點，標本照還一一傳送到網flickr網站上，再連結回資料庫的欄位。這些標本，有的還是從未被發表過的新種。對他而言，此項工作最難的部分就是辨識和鑑定，畢竟不是昆蟲專業出身，有些蛾類的外表一樣，只有把生殖器剖開才能辨別，至今他還沒練到那種一望就知那是甚麼蛾的功力。

除了他的工作團隊自行採集到蛾類所建立的資料庫之外，最近二年他更運用公民力量，在facebook上建立「慕光之城」社團專頁，讓所有台灣對蛾類有興趣的蛾友，運用這個平台，或將自己曾在哪個地方觀察到哪種蛾的定位，標誌在google網路地圖上、或將不認識的蛾照片貼上來，請大家來幫忙辨認，讓全民共同來認識，寶島台灣蛾類子民的神祕生活，同時，他也會將這些民眾貼上來的每筆資料系統化，建檔於資料庫中，而這些都可以利用網路上諸如facebook、flicker、google等大家耳熟能詳的介面透明化操作。

他說，相較於其他脊椎的動物，台灣蛾類被認識的機會少了許多，研究也相對不成比例。我說可能是因為山羌、水鹿、黑熊之類看起來比較可愛吧！他馬上忿忿不平的開了資料庫，秀出了幾張美蛾玉照，大聲的說，蛾類哪裡不可愛？你說？哼，我從來不覺得山羌有甚麼可愛！未來，他還想要成立一個蛾類科普推廣研究室，繼續將他一念之間，踏入研究的可愛小生物，推廣給所有人認識呢。

他的森林夢，走了近五十年，不能說一路走來都是順暢的康莊大道，但現今回首，至少是也無風雨也無晴，沒有甚麼放不下、或是錯過的憾事，他的人生志願立的很早，而也一路堅持不改己志至今。台灣的山林自古就長在那兒，人人看它就是一片山幾條溪，而他從最開始對山林一見鍾情，看到表面的那山那水，進而慢慢的，發現它更深藏的面容。若說，山林能有這樣的知音、知己真是幸福，這話實在太煽情，不如說，他把自己的夢想砸在這一片山林之中，真是再划算不過的一場人生大投資吧！

在高海拔工作站滑雪。

【相遇小記】

那天，來到了南投的一個小鎮，集集，因為喜歡動物，便往「特有生物保育中心」走去，結果，我就成了當天入場的第一個人啦。

或許因為不是假日的關係，參觀的人頗少，好多工作人員都在櫃台處閒聊，我跑過去攀談，問說，可不可以接受我的採訪啊？結果有位工作人員明白我的來意後，就丟下一句，我去找我們組長來，他的人生經歷比較豐富多彩啦！然後在我還沒反應過來，他就跑遠了。總而言之，這位組長是我所有受訪者中，學識最高的一位，比起其他訪談，我蹲在路邊就可以進行的模式，這大概是我壓力最大的一場，基本上，完全就像是一場非常嚴肅的研究所推甄面試吧！我先提出我的研究計畫（說明來意和寫作的方向），然後接受質疑（被懷疑的問「這可行嗎？野心太大了吧？」），最後努力為自己辯解，通過評鑑，接著才開始進行訪談。過程中居然還發現，這位組長，原來是系上一位指導我的國科會計畫教授的學長，如此一來，壓力只有更大而沒有稍減，但不論如何，還是將整場訪談順利的結束了，而我的膽子大概又再度進級，邁向了另一個里程碑了吧，哈哈……

最後，要特別感謝，組長在我完稿後，幫我修正了一堆關於林業上，敘述錯誤的部分，真是感激不盡！

苗栗三義●木雕師傅

老獅看台灣與沒甚麼好說的木雕

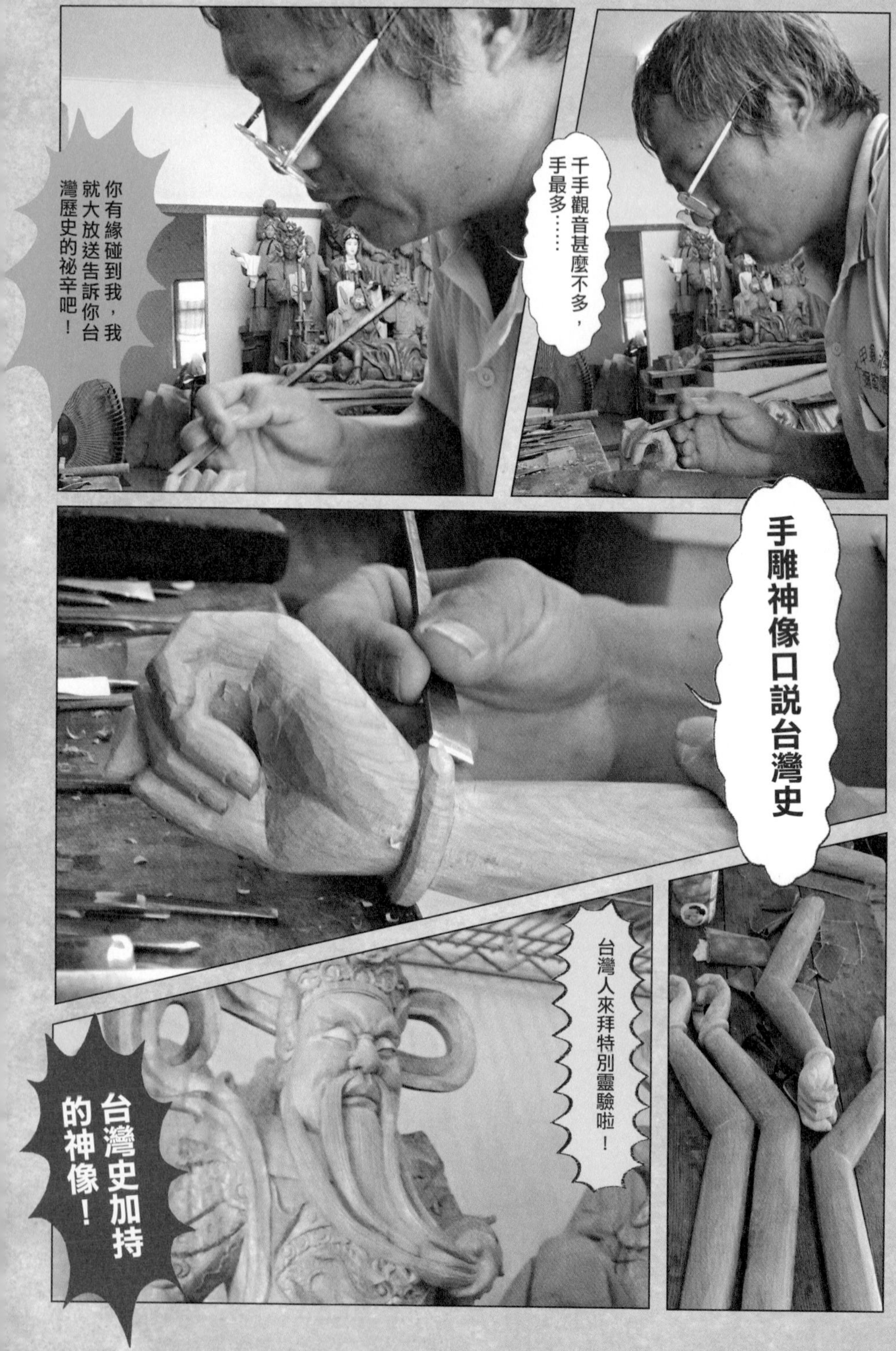

那天走進那間工作室，看到兩位木雕師傅，一個在吃麵，一個在刻手。我只有兩個選擇，其一，問那位吃麵的師傅，今天吃的是榨菜肉絲麵嗎？其二，問那位工作中的師傅，今天打算刻些甚麼？而我選擇了後者。一聽我要問他的人生故事，他先說對自己的木雕生涯沒甚麼看法，想了半天才擠出一句，嗯……我覺得木頭拿到手裡就是要好好用，才不會浪費……還有，看到自己的作品被放在各地，感覺很光榮……。但一提到「課本沒教」的台灣歷史，則馬上就變了個人，非一吐為快他所謂「沒被洗腦的」台灣史不可。

經過三義的一條大馬路時，有個黃布條吸引了我的眼睛，掛布條的是個沒門沒窗、完全開放的空間，布條上寫著「老獅現場秀」。其實，一開始被吸引是因為，我以為裡面有舞龍舞獅現場秀。當然，滿屋子的美麗木雕作品和木屑，很快的就讓我發現不是那一回事了，這個地方，是兩位木匠「老獅」（台語，老師傅）的工作室，左邊是他的天下，右邊則是另一位木雕師傅的地盤，他們同樣都是身經百戰的木雕師、又剛好是好朋友，就這麼分租了一間小店面，在這個與木匠幾乎是同義詞的三義，繼續做著每個木雕工匠一輩子青春血汗投注的木雕。

自十三歲那年，被爸爸用摩托車噗噗噗的，由台中外埔過了溪載到三義，他的木雕生涯就開始正式起算，至今也有四十餘年了。他還記得，那時老爸把還搞不清楚狀況的他，載到了三義，丟下一句，你就在這裡好好學雕刻後，掉頭就騎走的當下，他的眼淚也掉下來了，想想也真夠淒涼。而接下來的學徒生涯，好像也同樣滿腹辛酸淚，在師傅家當學徒，其實就是當傭人，是不拿薪水專門來學技術的「長工」，要幫老闆掃地、幫老闆娘倒尿桶，甚麼事都要做。

事實上，那時候，師傅學徒的相處模式都是這樣，為了學東西，最重要的眉角，就是不要太計較，笨笨的人家叫你幹嘛就幹嘛，學到的才會多；把師傅要用的木花啊木草啊，不小心一刀下去連根砍斷，而被臭罵一頓時，千萬不要回嘴，不然慘死的可就是自己。他對學徒生涯印象最深刻的事情，就是為了省電費，每次師傅都會等到天黑了，才要大家來吃晚飯，他哀嘆著說，每天他都邊刻著梅蘭竹菊四君子，邊盼啊盼的望著夕陽，肚子一直瘋狂的跟他說好餓，但師傅卻一直不放飯，真的很痛苦啊！

熬了三年四個月，艱苦學徒歲月，終於在師傅連一個月三百塊的工錢都不給的情況下，告了一段落，接著，他跑去台中后里，學日本欄間雕刻，因為民國五六十年間，正是台灣大量的欄間雕外銷日本的時候。所謂欄間雕，是比台灣傳統木雕更精巧細緻的雕刻技法，不使用砂紙磨光、也不可上漆，完全不可有任何「外力」輔助，只能靠自己手上的幾把雕刻刀，完成作品，他說，這樣嚴格的要求，對自己在技藝上的追求，有很大的幫助，學欄間雕刻時，他從磨刀子重新學起，又再次把木雕基礎打得更加踏實。

他哈哈笑著說，因為自己很喜歡創新嘗鮮，所以都賺不了幾個錢，有些人一輩子刻神像，越刻越精熟、速度也越快，賺錢也就跟著賺得快，但他就不行，去阿里山比賽他就刻小火車、在軍中當兵就刻裝甲坦克車、大戶人家要室內裝潢就刻花花草草、人家新店開張就幫忙刻木匾額（還可以依需求把人臉刻在上面！）、廟裡來拜託就刻踩蛇踩龜的玄天上帝，也因為甚麼都喜歡試試看，他的刀子一字排開就有五六十把，光是排場就可以嚇退一堆人了吧！每一把我看來都長得一樣的刀子，都是和他一起打天下的生命共同體，刀在人在啊！

千手觀音的手。

他一直相信，水往下流，人往上爬，因此也不斷給自己立下新的挑戰，去研究沒刻過的東西，該是怎樣的肌理、又是怎樣的形貌，並努力克服，透過這樣的過程，他覺得特別有活力，成功了自然是高興得很，而拿到錢的那一刻，當然更是加倍的高興。對他而言，平面與立體的雕刻沒有誰難誰易；立體的三度空間，有著千變萬化的雕刻方式；平面的二度空間，也可以雕琢出千軍萬馬，各有其千秋。他說，重要的不是刻了些甚麼，而是要不斷精進自己的能力，看是去問那些已經年華老去，手抖到抓不住雕刻刀的師傅；還是自己翻書、或是經常去看展覽與同行多交流，都是自我提升的方法，法子就那些，端看自己要不要做而已。

有趣的是，他說對自己的木雕生涯沒甚麼看法，想了半天才擠出一句，嗯……我覺得木頭拿到手裡就是要好好用，才不會浪費……還有，看到自己的作品被放在各地，感覺很光榮……。但一提到「課本沒教」的台灣歷史，馬上就變了個人，非一吐為快他所謂「沒被洗腦的」台灣史不可，以上那些關於他的木雕人生，全是我在他講到完全停不下來的「老獅台灣史」講課中，見縫插針快速問到的，但只要他一把覺得該交代的事情講完了，話題又會很精準的，再次回到看是要太平洋戰爭、還是日本對台灣的建設、又或是所謂的大東亞共榮圈，一點都沒有銜接上的困難。

雖然他是個從頭到尾，都活在國民政府時代的人，但卻遺民氣息相當濃厚，這大概可以被稱為「想像的遺民」吧！如同《想像與敘述》或是《後遺民寫作》兩書所言，遺民的身分自覺，使他們相較同時代的人，更緊張的感受著時間，體驗著時間對他們的刻痕，因為遺民的本意，原就暗示了一個與時間脫節的政治主體。不可諱言，他對國民政府很感冒，而大概是因為苦無藥方治療，因而只能把期盼轉到過去，回憶那些已經過去了的年代，而回憶的可愛之處，就在於它通常只會留下美好的部分。他老是問我：你說，台灣的光復明明是日治結束的一九四五年，為甚麼我們卻是把一九一一年當成開始呢？又或是：你說，台灣人是不是很笨啊，一群戰敗的難民跑來台灣，居然還要傻傻的繳稅給他們？其他還有一堆就不再細說了。簡而言之，大概就是在戒嚴時期，會讓他突然消失的言論，那天他或許全給我講全了吧！

對於台灣曾經的日治時期，有許多的感念或懷想，是台灣許多老一輩人共同的現象，其實不論在哪個國家，被殖民國通常都與殖民母國有相當親密的連結，那是種說不清的感情，夾雜著無奈與低人一等的憤恨，但有時，又會因為殖民者帶來進步的生活，而有點說不出滋味的感謝。台灣所經歷的經驗又更為特殊，在經歷了日本殖民後，馬上又被形同二度殖民的國民黨統治，台灣人經歷了五十一年的吏治清明、治安優良的生活，一看到剛來台灣時一臉落魄、貪腐的不得了的國民政府，誰會高興得起來呢？第一個反應，自然也只能閉上眼睛，當做甚麼都不知道的去思念日治時期，相較之下更為好的生活了。

這位木匠老獅，之所以會有這麼強烈的「想像遺民」自覺，他自己也不諱言，除了受到在日本教育下長大的岳父影響之外，其他就是以前到處去拉木匾額生意，出入類似活動中心、老人協會公所之類的地方時，遇到的許多老人，都會把這些「祕辛」道與他聽，又因為他客家閩南混血的身分，客語閩語全精通，能接收到的資訊又更多，我想，這些老一輩的阿公阿嬤，大概都是使「他之所以成為現今的他」重要的幕後推手吧！說完這段陳年舊事，他專心刻了幾刀手中的木頭，突然又插了一段補充說明，大意是說，他的家鄉外埔，閩南人、客家人各占一半，都是相互通婚的一家子，大概因為客家話比較難學，客家人都會說閩南話，閩南人的客家話還是破得要命，結果變成客家人河洛化超嚴重，平常溝通都用閩南話，說起這樣的現象，他一臉笑意盈盈，看來挺樂觀其成的樣子。大概是因為，聽了一下午很有政治意味的發言，一不小心就會想太多，我總覺得他之所以特意這樣說，是不是又要暗示我些甚麼啊？

雖然他老說要拯救我「被洗得很嚴重的腦袋」，但說真的，歷史本來就是史家以自己的觀點寫出來的東西，因此才會有人說，所有的歷史都是當代史，不同時代的人，以自己的觀點看到的過去，從來都不會相同，而他的觀點，只是一種看歷史的觀點而已，我和他的成長時代，有很大的距離，自然想法會有很大的差異。

我與他說話的那個下午，他正在雕刻佛像的手，那是尊千手觀音，整整十八隻的手，一隻隻線條柔軟秀美，除了他手上握的一隻，其餘幾十根躺在一旁桌子上。他一邊揮舞著亮晃晃的雕刻刀、一邊口沫橫飛的說著台灣坎坷的身世，我聽著他慷慨激昂的言詞，一直走神發呆，開始胡思亂想，一下子想著，那尊千手觀音是聽台灣歷史故事「長大」的，不知道以後會不會對台灣人特別理解，因而特別靈驗啊？一下子看著他的臉，又讓我想到一首詩，就是吳晟先生寫的，叫做〈我們也有自己的鄉愁〉的詩，我記得是這樣寫的：

原來小小的島嶼／也有我們自己的鄉愁／原來我們唯一的鄉愁／就在腳踏土地上／因為真切而不夠浪漫／卻是永遠的愛戀和承擔

雖然我從沒真正搞懂這首詩到底想說些啥，但不知道為甚麼，看著這位木匠老獅，心中就一直浮現這些詩句，因此我就在這裡把詩句寫下來，以紀念那一個下午，那一個充滿幾百年台灣故事、充滿恍神思緒的下午。

【相遇小記】

那天走進那間工作室，看到兩位木雕師傅，一個在吃麵，一個在刻手。吃麵的正對著刻手的背影，刻手的邊雕琢著五根手指頭，邊和吃麵的夥伴閒扯淡。我只有兩個選擇，其一，問那位吃麵的師傅，今天吃的是榨菜肉絲麵嗎？其二，問那位工作中的師傅，今天打算刻些甚麼？而我選擇了後者。

一聽我要問他的人生故事，他說了句你稍等，就跑進去房裡拿了本專刊，裡面有許多的木雕師傅簡介，其中一篇就是他，內文大致交代了他的師承，簡而言之，就是他的履歷表啦！然後他說，人生都寫在裡頭啦，我比較想說的是一些關於台灣史的祕辛！很多人不知道的！今天通通告訴你！接著，他就開始如水庫洩洪般，滔滔不絕一發不可收拾，而因為那本簡介的內容並不符合我的需求，我就開始使出見縫插針的武功絕學，沒甚麼門派，而且練起來專門就對付這位話匣子關不上的師傅。

就像任何一個在茶館裡的說書人般，他的動作、手勢、聲調、語音起伏樣樣不缺，另一位總算吃完麵，同樣也在能聽見他說書的聲波範圍內，就說了句，啊你不是沒念書，還知道那麼多知識啊！但我卻對其中的內容很有意見，嘗試反駁幾句無效後，我就利用他說話的時間韜光養晦，一邊思考著等下要問甚麼問題，一邊無意識的附和著，對啊，東亞共榮圈真的是挺好的構想……總算因為有個要達成的目標，沒有迷失在一大堆「沒人知道、沒被洗腦的台灣史」之中。

有趣的是，兩位師傅雖同處於一個屋簷下，但刻的東西卻截然不同，一邊是千手觀音，另一邊則是裸女系列（總算吃完麵師傅手頭上的案子）——不知道觀音菩薩會不會臉紅心跳、裸女會不會尷尬啊。

如何定義信仰

新竹尖石●泰雅牧師

騎至少兩個鐘頭以上的機車才到達新光部落，牧師是這家民宿的大家長，他常常坐在客廳裡看電視，享受清閒的退休生活，晚上無聊我也跑來看，因而成為牧師的看電視同好，他認為他的泰雅牧師信仰就在同好的聊天間出現了。他認為，神學與文化結合的東西，才是真正的信仰，信仰基督教並不意味著，泰雅人放棄了自己的傳統，而應該說是兩者的相互融合。與其說是要把基督教哲學系統懂了個徹徹底底，倒不如說，如何把基督神學與泰雅文化，做一個完美的兩相結合，是其更重要的課題。

在泰雅族人的口述歷史中，族人們是由南投山區往北遷移而來的，今日新竹尖石的鎮西堡，就是當時遷移大隊中，第一個族人落腳下來所建立的部落，而當時的斯馬庫斯，也就是今日的新光部落，則落腳於鎮西堡的隔壁。斯馬庫斯並非其對面大山上座落的司馬庫斯部落，其泰雅語義為青剛櫟，是為紀念族人剛遷移來此時，入眼所見的一棵可以數人環抱的雄偉青剛櫟。而他，是定居在斯馬庫斯之泰雅遠祖的第十二代子孫，但台灣的歷史發展，卻讓他並非出生在這個，位於山頂上的高海拔部落。

在日本人來到台灣淌渾水之前，斯馬庫斯與司馬庫斯，這兩個語音類似的泰雅部落，早已隔了條河相互叫板多年，若問爭戰原因，就是很常見的打獵誤殺人，冤冤相報沒完沒了。直到日本殖民台灣時，為了開採山中資源，將砲彈開進了大山之中，新竹尖石的各個泰雅部落，就這麼與日人抗戰打了十三年，差不多快被滅族，直到慘烈的李棟山戰役後，斯馬庫斯被全村強制遷到了內灣。遷村二十一年後，他來到了這個世界，就出生在那個住滿了客家人的小山村內灣。

內灣相較於終年一貫涼冷氣候的斯馬庫斯，溼熱的程度不知嚴重了多少倍，溼熱的環境，疾病就多，他的兩個姊姊都不幸命斷內灣。終於，在他四歲那一年，遠方的消息傳來，細細碎碎、偷偷摸摸的在街坊巷弄間流傳，說日本在太平洋戰爭上節節敗退，台灣人人都在耳語，日本人就要輸了。他的父親同樣聽到了傳聞，一想到日本在台灣的控制力已經減弱，雙腳就恨不得立刻往山上走，回到那片祖先居住的家園，而父親，就成為第一個回到部落原居地斯馬庫斯的族人，四歲的他，也時而連走帶爬、時而被背在大人肩膀上，一路東搖西晃的經過兩天的路程，回到了父親睽違二十五年不見的家。

篳路藍縷的生活苦嗎？他的父親就像是脫韁的野馬一般，終於回到了那片思念了十餘年的山野，自在的甚麼苦都不算苦，自己搭工寮住、自己種小米芋頭地瓜、自己打飛鼠山豬山羊山羌，吃膩了全身都是結實瘦肉的動物時，也可以背著山上物資下山去竹東，跟人家換些肥滋滋的豬肉和海魚解饞，哪裡有甚麼苦呢。他記起小時那段往事，哈哈笑著說，那時部落有一個很大的笑話，故事的主角，就是妻子的父親，做父親的疼孩子，在竹東市場看到漢人賣冰棒的攤子，驚呼神奇之餘，就買了幾枝回家，要給小孩子們嚐嚐冰涼的好滋味，結果走回家途中休息時，想說來打開竹簍關心一下冰棒的狀況，沒想到裡面只剩幾根竹棒子，當場氣到大叫那個漢人騙我！怎麼冰全沒了只剩棒？差點沒又衝下山找人家理論去。

小時候上學，他得去山下的秀巒國小，每天早上六點出發，走到十點才到學校，吃個飯休息一下，又準備再走回來了，根本沒有讀書，就算硬要說讀書，也是天天都上體育課，後來居然也胡裡胡塗的給他拿到了國小畢業證書。他是家裡的第三代基督徒，日治時期，就有一個日本人來部落偷偷的傳道，光復時，又有外國的傳教士來到部落，因為這樣的關係，十六歲那年，他在國外基督教協會經費補助下，獨自一人下山，展開了他成為一名牧師的漫漫長路，他永遠記得那次下山的路，走得高興極了，整顆心，塞得滿滿全是名為緊張、興奮的東西，走了兩天山路到內灣，搭上了小火車到竹東換大火車，轟轟響的火車，在之後的十年，就這麼把他載到了全台灣各地的神學院，諸如台北、新竹、台南、花蓮等，累積牧師學分的同時，他也學習著各式各樣的知識。

他說，神學與文化結合，才是真正的信仰，信仰基督教並不意味著，泰雅人放棄自己的傳統，而應該說是兩者的相互融合，因此他學的是神學與文化、神學與傳統、用泰雅語說出基督信仰等的學問。與其說是要把基督哲學系統懂個徹徹底底，倒不如說，如何把基督教神學與泰雅文化做一個完美的結合，是其更重要的課題，例如靈魂不滅是泰雅族的傳統信仰，與基督教永生的觀念近似，就是一個可以結合的案例。

身為一名泰雅血統的牧師，他要做的工作絕不是天天關在教堂裡頭，或傳道解經說一些沒人聽得懂的神學、或唱唱聖歌聖詩哼個兩三句就了事。牧師最重要的工作，是用信仰的力量，改善族人的生活，用各種方式傳遞族人應有不要喝酒、努力工作、積極參與公共事務的認知。牧師十八般武藝樣樣都要會，要會如何灌漿建模造房子、如何生財有道、如何種植各種高經濟價值的作物；要會教育孩童、教授傳統泰雅文化、要知道災難來臨時的應變，並把這些知識傳授給大家。簡而言之，哪裡有困難，牧師就應該出現在那裡，是那個帶領大家走出泥淖的人。

要成為一名牧師，除了在台灣的學習，出國到美加地區，觀摩當地印地安人與基督教結合的部落運作，也是必要的功課。神學院畢業時，同樣要寫出論文，他的「研究區」在新竹尖石的義興村，雖

新光部落中的
國小森林教
室，小朋友坐
在戶外黑板上
面聊天。

然那裡比他生長的斯馬庫斯海拔低許多，但因為位在另外岔出的支線上，聯外道路的開通時間，遠在民國七十二年開通的斯馬庫斯之後。牧師的論文，理所當然是研究「用甚麼方法，可以幫助到人」，而幫助人之前，自然得對該區的自然、人文有通盤瞭解，諸如查詢地形圖、理解村落分布位置、去戶政事務所調查人口資料、知道部落人群的職業分布狀況，有了這些基本的調查之後，就要寫出問題、解決的方式以及時程，整個論文就像是一個周延的計畫書，評審通過以後，就得將之付諸實踐。

要改善一個地方整體的生活狀況，絕非一日之工可達成，他在義興村盡心盡力了整整七年，才初步看見明顯的成效，義興村讓他最得意的有三點，其一為農業技術的提升，他把族人帶到高山上，教他們種植高經濟價值的水蜜桃與香菇，取代原先賺不了錢的地瓜與小米；其二，他教族人們如何用水泥灌漿建房子，取代原先是用竹子搭建的簡陋住家，當時他從小小廁所的改建開始教起，因為它與衛生條件的改善息息相關；其三，義興村在他與眾人的努力之下，終於有了第一間學校，讓小孩們不用小小年紀，就得千里迢迢的離開部落，到其他地方唸書。他高興的說，能有這麼顯著的改善，居民願意與他合作，共同來討論部落共同事宜，為自己的家園一起來努力，是成功的最大主因。

民國八〇年代時，他來到了司馬庫斯，這個部落就是現今大名鼎鼎、台灣最後一個通電，被稱為「黑暗部落」的地方。他從新光部落（即斯馬庫斯）走到對山的司馬庫斯，單程要四小時，先下山、過河、再上山，而司馬庫斯的人要下山換取物資，來回就得耗費四天三夜。首先著手進行的是讓電通到這個深山裡的部落，他帶領著族人到新竹縣政府前陳情，甚麼！現在還有地方沒有電！幸好，當時的縣長驚訝之餘，沒過多久就將電通到司馬庫斯了。

現今司馬庫斯為人稱道的共同經營模式，是他與族人共同開會討論了三年，經過漫長的磨合，才將一切事宜塵埃落定，他說，司馬庫斯的共同經營之所以可以成功，就是因為部落的宗教統一，皆為基督長老教會，而且家族之間緊密結合，彼此對部落的未來發展有極高的共識。三年之中，他們討論了包括：其一，土地的管理，彼此皆有絕不把土地賣給財團的共識；其二，家庭的整頓，包括夫妻相處之道、生活方式管理、小孩教育問題；其三，部落的整體整合，即共同經營民宿的運作模式規劃。等到時機恰當之後，才開放神木群，讓遊客進來遊憩，至於後來他離開之後，司馬庫斯中出現紛爭的聲音，有民宿獨自經營不願加入共同經營體系，他說，那些其實都是後來由平地遷回來的族人，紛爭也都是後話了。

除了其他的部落，對於自己的家園，他同樣也付出極大的努力。信仰是為了改善族人的生活，是他一直以來堅持的信念，剛開始單純想改善經濟狀況，而跑去梨山跟人家拿梨苗、蘋果苗回來種，好不容易收成了，大家才「赫然」發現，沒有路可以運出去，怎麼賣啊？就這樣一路跌跌撞撞，到了民國七十二年聯外道路開通後，全村共同經營一個水蜜桃的產銷共同經營班，將尖石鄉所有的水蜜桃農都納入，不透過中盤商的剝削，直接銷售到各大公家機關或科技公司，族人的生活才漸漸的改善。隨著時勢變化，後來大家又改種起有機蔬菜，他們篤信自然農法，秉持祖先的教誨，絕不任意大量砍伐開發山林，種出的農產品，可是全台各地知道管道的老饕的搶手貨呢。

不過，台灣本身先天不良的地質環境，高海拔地區就算沒有大量的開發，災害來時，這些原住民居住的山區也極易受到傷害，記得二〇〇四年的艾利颱風，讓尖石地區每一個彼此距離相當遠的不同部落，全都斷路斷電失去對外聯繫，那時民間自發的救災行動，就算遠比政府快上許多，但忙了兩個禮拜仍未完。他笑著說，政府有時候很「天才」，用直升機運去山裡各部落的救災物資，居然還準備了一大堆礦泉水，他看了差點沒暈倒，大叫著「我們甚麼都缺，就是不缺水啦」。在救災時他特別感動的是，全部的人都如此團結，互相幫助生病的人、自發性的去搶通山中斷掉的路、將同舟共濟的精神發揮的淋漓盡致，他說，如果這樣的精神能持續的留在大家心中，天底下還有甚麼難事呢？

改善經濟狀況之餘，他也致力於保留並推廣泰雅的文化與倫常教育，把那些自古以來流傳下來的祖先智慧，繼續教授給後輩子孫，包括泰雅族人的傳統技藝，諸如打獵時家族獵場的辨識、如何捕捉獵物、甚麼動植物可以吃、織布技藝的傳承，又或是傳統婚喪禮俗的舉辦方式等等，其中最重要的，就是正統泰雅語言的保留。他說，現今的泰雅青年說起泰雅話，只會用白話文，而且文法還常常使用錯誤，古老美麗的文言泰雅語已漸漸失傳，這都是即刻要解決的問題。因此，他在各個鄰近的國小兼課，專程教授泰雅語，每年十一月時，更會到台師大擔任母語考試的評審委員，希望透過一己之力，為泰雅文化的保留與傳承盡一份心力。

長達三十六年的牧師生涯，他一直秉持著施比受更有福的態度，幫助自己的同胞，他說，幫助人是重要的，能解決問題就是一種快樂，每天散漫的過生活，看似清閒悠哉，但其實不是真正的快樂，唯有工作之後獲得成果的那一刻，才是一種真正的滿足與發自內心的喜悅。

【相遇小記】

若從平地騎機車到新光部落，單程至少兩個鐘頭以上，那天上山時，沿路看到了一名背著長長獵槍、腰間還掛了把開山刀的泰雅族人，驚鴻一瞥，很想棄車跑去問他「我可不可以也跟你一起去打獵？」

到了新光部落，約莫下午兩三點，我在部落裡閒晃，逛到新光國小，看見一個森林教室，在一塊針葉樹林下的小空地，架上了一個黑板，幾張木椅子，沒有老師上課，倒有幾個小朋友坐在黑板上（沒錯，就是黑板上）聊天。出了小學繼續走著，看到一家子在青椒園工作，一個小孩奉命騎機車去買飲料，看來也才十一二歲，我好奇的問正準備發動車子的他，小弟，你考駕照啦？結果他回我，他的駕照是山上牌的（好啊，還有幽默感呢），來到這裡，確實能夠感受到一種，我成長環境中相當缺乏的山林荒野氣息。

隨著天黑，空氣也越發冷，全身寒毛直豎，趕緊到預約的住宿地點，一位漂亮的姐姐帶我到房間，房裡沒電風扇、沒冷氣，不過完全可以理解，光是夏季的晚上都冷成這副德性了，更遑論冬季，暖爐說不定還比較實用，而他們家確實有一個電影裡才看過、用泥磚砌的火爐。當我看到那個暖爐時，因為太新鮮了還跑去東摸西看，火爐上陳列著幾個動物的頭骨，旁邊還放了把長長的獵槍，正當我在那裏研究著火爐的結構，身後傳出一個蒼老的聲

火爐是牧師的得意傑作。

音，小妹妹，你在看甚麼啊？一回頭，就看到個綁著馬尾、灰白頭髮、少了幾節指骨、穿了件法蘭絨襯衫的老先生，我說我在研究這個火爐的結構呢，他不無得意的回我，那是我蓋的喔！這就是我認識這位泰雅族牧師的經過。

牧師是這家民宿的大家長，那個火爐是他旅居加拿大時，學著蓋而後回家鄉自建的，民宿是他的幾個晚輩弄起來的，他常常坐在客廳裡看電視，享受清閒的退休生活，晚上無聊我也跑來看，因而成為牧師的看電視同好

晚餐時向牧師提起上山時看到的獵人，他笑著說女生不能打獵，又補充說明，我們都是內政部核准的「特殊國民」，才能有獵槍，到底是哪裡特殊了？奇怪耶。

牧師家的飯是在客廳吃的，人人都去廚房把飯碗裝滿滿後，拿出來隨地而坐的吃，家裡有兩個活動力超強的小男孩，把沙發（有時還有大人的背脊）當成起伏綿延的群山，滿山遍野的東奔西跑，再加上新聞正鬧哄哄的播著釣魚台要如何如何，全家人對著電視罵，真是熱鬧非凡。

吃飯時，牧師的兒子笑著說對我說，你就多寫一些他（指牧師）的事情吧，讓他孫子以後看了才知道，阿公有多不偉大！牧師的女兒在旁邊接腔，啊！妳這個書是寫傳記，是要等到人死掉之後才算寫完吧？那他這麼愛吃肉，很可能會死於高血壓，你就不要說他是愛吃肉，高血壓死的，就說他是住在海拔太高的地方，所以血壓也比較高。牧師在旁邊聽著都不講話，就只咧嘴笑，我聽著這些話，笑個不停之餘，心中也驚異的想著，哇塞，還真是甚麼都能講啊！或許，這也體現出牧師待人處事，不拘小節的一面吧。

一生只認一主！

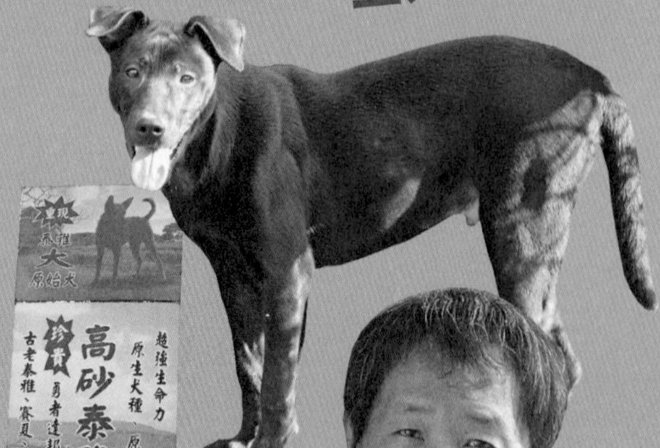

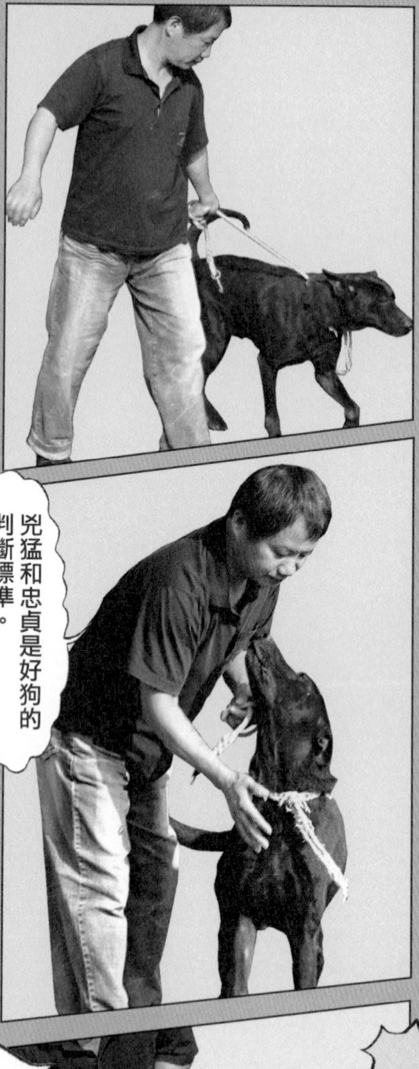

桃園大溪●犬商

台灣犬的伯樂

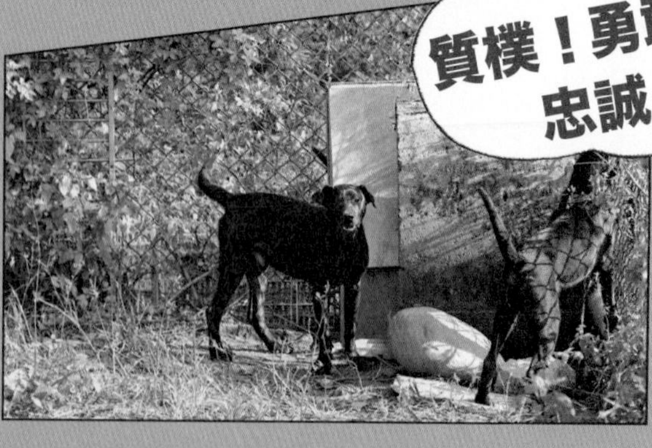

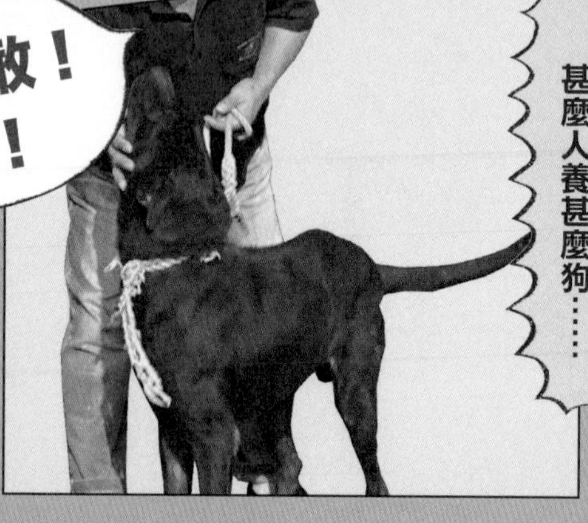

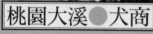

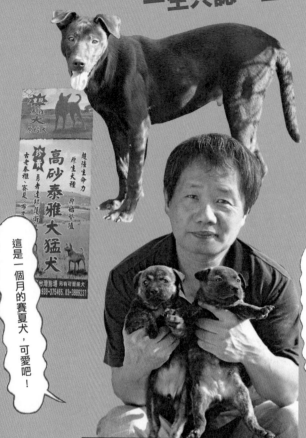

在主要幹道上，這家犬舍的大招牌，吸引了我的目光，結果一進去小巷，繞了老半天還是找不到，於是又繞回招牌前抄電話號碼，直接打電話問。電話那頭，一個中年男子的聲音，我說能不能接受採訪，他說好啊。於是就在兩隻護主的台灣犬的虎視下，開始了他與台灣犬的故事。甚麼人養甚麼狗，或許也就是因為台灣犬這種質樸忠勇、一生只認一主、內斂又不開朗的傲脾氣，深深的吸引著同樣有著忠厚老實個性的他，才讓他能夠對台灣犬情有獨鍾、數十年與之朝夕相處而不改其志吧。

可曾想過，當台灣還是一片充滿瘴癘之氣的草莽之地，原住民群山萬壑的奔走，為了獵下一頓的肉食時，是誰會忠心跟在主人身旁、勇敢的擋在主人與發怒獵物之間？是狗，但這種狗的血統，可不是路邊就有的小白小黃，也不是來自國外、呆頭呆腦誰都好的寵物犬，而是一支自古流傳下來、在台灣土生土長，天性勇猛兇狠、但對主人忠貞不貳的台灣犬。

隨著各地移民來到台灣的數量越來越多，跟隨而來的狗也越來越多，狗與狗之間的血緣開始相互混雜，純種的血系逐漸被稀釋，若非是日治時期的日本學者，經過科學化的調查與鑑別加以專名化，台灣犬的血統，或許就會這麼散落在歷史的洪流之中，找也找不到了。不過，雖說是通過了專名化的程序，台灣犬血緣逐漸混雜的問題，在國民政府治理台灣之後，仍沒有受到應有重視，台灣犬的形貌與特徵，或許還可以在一些狗兒身上找到痕跡，但若要找到一隻全身有如蓑衣般的鋼絲硬毛、黑牙齦、黑舌斑、尖豎耳、狐狸臉的台灣犬，隨著時代的過去，越是難上加難。

他是桃園復興鄉人，家裡做的生意是賣香菇藥，香菇藥就是菌種，他的父親，就是把這些菌種賣給原住民的商人，而他也繼承了父親的生意，過著和山區原住民打交道的生活。直到一九八九年，中國大陸的進口香菇大舉進入台灣，台灣的香菇商一夕之間被打入谷底，生意完全做不下去之下，而人總有著山不轉，人轉的堅韌，畢竟「行到水窮處」，不「坐看雲起時」也不行，就在這個時候，他記起了在各個原住民部落販售香菇藥時，總會看到的狗兒，忠心耿耿，體型不大，卻有著勇敢的個性，就這麼開啟了他養狗，復育台灣犬的生涯。

台灣犬大致又有平埔族、高山族飼養的兩大體系，但前者早已血統混雜到無法辨識，現今仍然存留、較為著名的，就是日本人口中的高砂犬——因為過去被稱為「高砂族」的原住民所飼養而得名。高砂犬大致被分為泰雅犬、布農犬與賽夏犬，而之所以有這樣的分類名稱，也是根據當時調查的飼主族群大致區分的。泰雅犬較高大，後兩者肩高則只有四十公分。剛踏入認識台灣犬的大門時，他依靠的除了書籍之外，還有兩個管道，其一是育犬協會，其二則為原住民。而隨著在這個領域的「越陷越深」，他開始感受到育犬協會了解的台灣犬，和他一樣也只限於表層，就是那幾本關於台灣犬的書，重點是書中寫的不一定是對的，而且為了美觀，台灣犬天生就向左或右偏的尾巴，已慢慢被改良成「據說比較好看」的正對著後腦勺的模樣。

事實上，台灣犬的定義相當模糊，沒有人知道幾百幾千年前的它們，是否就是今日所鑑定的模

樣，現今依靠的判定標準，主要來自日治時期拍攝的照片，其中一張一群狗狗在賽夏族獵人腳前一字排開的相片，更是辨識的重要依據。說穿了，就是用那幾張模糊不清的黑白照片，來看「甚麼是台灣犬」。不過，原住民看狗卻不是這樣，對於這些自古生活的好夥伴，他們看重的是牠們的個性而非那層皮相。

到底要重視外表，還是個性？兩者之間的辯證，他探討了二十餘年後，終於有了一個初步的結論：皮相相較於心靈，似乎是次要的部分，人不可貌相，狗也不可只看那張狗臉和四隻狗腿，個性遠比外貌實用許多。

二十餘年來，為了找狗，他帶著兩口袋滿滿的千元大鈔、開著一台裝滿米酒的貨車，走遍了幾乎全台灣的山地原民部落。但與其他狗商不同的是，他花更多的時間，向各地的原住民耆老請益，關於台灣犬的所有知識，如同一個最認真的研究生般，拿了支筆與幾疊紙，加上滿腦子的問題，整個部落的追著懂狗的原住民跑。他說，要懂台灣犬，不是「捨我其誰」，而是「不問原住民，還能問誰？」於是，他從全台各地的原住民口中，得到了許多不曾被整理、被記錄、被流傳的珍貴知識，有台灣犬的眼神、表情、個性、反應、動作等等，所有關於那層狗皮之下的事情。他把這些得來不易的學問，全整理成一疊又一疊的筆記，成為遠比金銀珠寶還珍貴的寶貝。

不同地方、不同族群原住民口中的台灣犬，在他聽來，卻有著極高的共同性——勇敢、忠誠與兇猛。他們心中所謂好狗，要能顧家、又能狩獵，因此，兇猛與忠貞不貳，是一貫判定準則。而原住民養狗，確實有一套值得被傳承下來的方法，他從原住民身上，學到了數也數不清的育狗經，他說，幼犬斷奶三十多天時，就可以初步看出個性，公要有公相、母要有母相，就是判定的標準；再來就是多觀察小狗面對一個全然未知的大世界時，眼神如何？反應又如何？就能對其個性有更進一步的認識。

他說，最容易的方法，就是拿條大毛巾對著一窩小狗們揮舞，怕到一溜煙逃走的、或傻不隆咚愣在那的，都不是好狗。唯有眼神機敏、眼珠子滴溜溜轉個不停，會倒退一步警戒，但馬上又往前一步、想一探究竟的，才是真正台灣犬中的菁英，而過去原住民就會將這樣子的小狗訓練成獵犬。狗兒年紀到了一定程度時，獵人們會把小狗與小山豬或其他小動物，關在同一個狹窄的籠子裡，讓小狗去咬小山豬，等牠真的把小山豬咬死後，立刻用刀剖開豬肚，挖出內臟給狗嚐，讓狗兒熟悉那個味道，明白只要聞到這個味道，就是要發狠去追去咬的對象，慢慢的練習，再加上隨時讓牠餓著，狗兒才會結實、才跑得快、才能成為一隻狩獵好手。

原住民耆老口中的台灣犬，兩隻就敢和成年公山豬正面交鋒，但折損率極高，因此原住民獵人打獵，多是兩三人一起行動，每人各有四五隻狗，這樣成功率才會百分之百，而狗又不易受傷。狩獵時，狗群中自然會發展出一套，誰是老大誰是老么的地位順序，有師傅犬、追蹤犬和不少的學徒犬，大家協力合作，獵人在狗群後面納涼即可，打到了獵物，狗兒自會來邀功打賞。

而台灣犬最好的飼養方式，就是野生放養，他說，能夠自由亂跑的狗，才有極高的觀察力與聰慧的腦袋。每隻台灣犬隨著年齡越大，自己人和外人的界限會分的越清楚，只要被牠界定為自己人的，一家子所有成員，不論是男、女主人及其孩子或是其他家庭成員，全都會成為牠心中要保護的對象。

他記得以前養過一隻叫阿妹的台灣犬，從小讓牠自由亂跑，全家人幾點要做甚麼事、幾點要出門、甚麼時候回家，最清楚的大概就是阿妹，一有甚麼不對勁，阿妹就會很緊張，如他每天起床第一件事會去拉窗簾，他曾在窗簾後偷偷觀察，就見在院子裡的阿妹，直盯著窗戶，直到他做出代表起床的例行公事。阿妹的個性不是特例，他養過的台灣犬，幾乎都有著極度顧家護主的氣質，有一次，客人來訪，回家時提了一袋東西走，他家的狗看到了，就非逼人把東西放下，才能離開，他哈哈笑著說，那條狗還以為人家是賊！又有一次，他和來買狗的客人談了很久生意，講到一旁的狗都睡著了，客人仍不相信狗有這樣的個性，於是他腦筋一想，與其費盡唇舌不如讓他親眼見識，就要客人裝出要與他吵架的樣子，彼此推擠，一旁快進入夢鄉的狗，一見馬上爬起來，變臉如翻書，衝上來要咬人。那筆生意，自然瞬間成交了。

他賣狗，從來不看公母、也不看花色，一隻狗的價碼高低，完全取決於其本身的個性和體態，而這些判定準則，仰賴的就是他多年來的看狗經驗，他很講求信用，他說一隻狗的值多少錢，那條狗就是有那個價值，個性越兇猛、會顧家的狗自然用途最多，價值也最高；屬於溫良恭儉讓型的狗，價值也就較低。他曾經賣出一隻不錯的白色台灣犬，給一家常常遭小偷的雞蛋商，而讓雞蛋老闆大為驚訝的是，某天小偷又來光顧剛好被他看到，他想要逮賊，因而與小偷有肢體上的擦撞，家裡養的五六隻狗，就只有那隻小小的白狗，衝出來咬人，其他的光只叫就算了，還邊叫邊後退，看到都ㄘㄟ心（心冷之意）了。從那事件以後，這位雞蛋老闆，就變成他數十年如一日的忠實顧客。

在他的飼育經驗中，並不是二十餘年都只養台灣犬，也有一些短暫的時期，另外養了些外國狗來賣，但大概是曾經滄海難為水，養過了頗有氣節的台灣犬，光看到那些誰都好的外國狗，他心裡就會不由自主的感到有些鄙視。他的犬舍也有讓人家來寄養狗的服務，他說，寵物犬就別提，就算是德國狼犬還是甚麼西方用的工作犬，他手拿著好吃的，加上軟應兼施的逗狗伎倆，不用五分鐘，全服服貼貼狂搖尾巴極盡諂媚之能事，但台灣犬就不行，每隻一來犬舍，就是齜牙咧嘴、毛髮全豎，兇猛到完全不能靠近，一不小心還要挨一記狠咬，而且被主人送來後，基本上絕食個三四天是正常的行為，而也因為台灣犬這樣敏感且念舊的特質，若拿一隻成年大狗來買賣交易，其實是相當殘忍的事情。他看那些絕食的狗兒，總特別難過，天啊！主人不要我了，我好想回家，牠們往往是一臉無精打采模樣，但為了防範他這個陌生人，又不得不在這麼意志消沉的時候，打起精神來對付他。甚麼人養甚麼狗，或許也就是因為台灣犬這種質樸忠勇、一生只認一主、內斂又不開朗的傲脾氣，深深的吸引著同樣有著忠厚老實個性的他，讓他對台灣犬情有獨鍾、數十年與之朝夕相處而不改其志吧。

他說，不是他臭屁，如果啊，不是他和同期的一批狗商，致力於復育台灣犬，台灣犬恐怕早已「絕種」，也就是完全的血緣雜化而造成「查無此狗」。一直以來，政府在日治以後，再也沒重視這個問題，而根據他多年來出入於各個部落，觀察到的現象就是：原住民對於這樣珍貴優秀的狗，大概是自古已經習以為常了，絲毫不知道珍惜，他看了每每都會覺得太可惜！真是太可惜了！最明顯的例子，就是有時他去一些部落找狗，才問了一個路過的年輕人，那名原民青年就會開始扯開喉嚨大吼，平地人買狗了！平地人來買狗了！接著家家戶戶就牽了家裡的大狗小狗出來，通通給他挑選，要哪隻就有哪隻。除此之外，他還曾經只用了半貨車的米酒，就換到了一隻極為純種、優秀的台灣犬，他說，畢竟他是要賺錢吃飯的商人，而非做研究的公務員，所以口頭上雖不說，但心裡直叫著，這位仁兄，你真是太傻了！當然，也不是每個原住民都是坐擁寶山卻喊窮的傻瓜，他就曾被一位原住民大姊反嗆，這隻狗的爸爸，日本人搭飛機來，用八萬塊跟我買，你用兩萬五就要買牠，我才不賣呢！也有許多他的原住民好友，都知道控制狗的繁殖對象與速度的重要性，並和他一起開著車、載著狗，去育犬協會鑑定，參加比賽。

雖然是為了賺錢營生，但如果沒有熱情，他斷然不會從事這一行。在他看來，原住民對於台灣犬的知識有很明顯的傳承斷層，他無比慶幸的說，還好當年，自己將一些今日多已凋零的老原民育狗經，調查了個徹底，不然這些知識全都要失傳；還好當年，自己有把山區部落中，血緣尚未被汙染的狗種帶回來精心配種復育，台灣犬純種的血脈，才能被保留至今，不然以原住民那種漫不經心、讓狗隨意亂生的態度，台灣犬早就消失了。他說，現在的山地部落早已剩沒幾隻好狗，但打獵的原住民仍然很多，那些年輕人要買狗、問狗經，還要專程來找他，面對這樣的情況，他不知道那些在天之靈的原住民耆老，該做何感想，大概會氣到專程下凡，痛罵那些後生晚輩一頓。

他說，畢竟自己是一個開犬舍的商人，雖然對台灣犬的復育與品種保存充滿熱忱，也這樣堅持了二十多年，但若仍要以飼養台灣犬養家活口，也要大環境配合。民國四十多年左右，當時狂犬病瘋狂肆虐全台，全台灣的狗命去了一半，台灣犬也面臨絕種的危機。幸好，當時台灣經濟處於起飛階段，人人賺大錢、蓋工廠，台灣犬能顧家顧工廠正好迎合所需，許多人為了買優良的台灣犬，幾萬幾十萬的灑，幾百萬成交的狗生意，也大有人在，也幸好有這種好景氣，大量的人馬投入復育的行列，使得台灣犬的血脈繼續留傳下來。不過，隨著時間飛逝，台灣的景氣已不比當年，台灣犬的價格一落千丈，當時曾經風行一時的犬舍，一家一家的關。而其實這種具有生命的動物，人沒有辦法為牠們定一個標準價格，台灣犬過去賣的貴，現在賣的便宜，並不代表現今的狗比以前差，只是大家口袋的錢不多而已。景氣好壞，他無可奈何，但如果不把台灣犬的珍貴之處推廣給大眾，而讓牠們淪為一種不值得花錢買的狗，台灣犬曾經面臨消失的命運，很有可能會再次重演。

對他來說，做為一個快要退休的養狗人，與台灣犬朝夕相處那麼多年，總覺得台灣犬就是一個完全屬於台灣、「活的」歷史文物，他衷心的希望，大家都能夠對台灣犬有深層認識，近而喜愛這種和所有台灣小民一樣，生於台灣、長於台灣的狗兒；他衷心的希望，當台灣人瘋迷紅貴賓、吉娃娃、哈士奇、拉不拉多等外國犬時，仍然能夠注意到，就在自己生活的土地上，有一種以台灣命名的狗兒，牠們每個都有張聰明臉孔和滿肚子的傲脾氣，更有著對主人忠誠、勇敢且愛家的珍貴特質。

【相遇小記】

這家犬舍在主要幹道上，有著一個很大的招牌，當初就是經過時被它吸引，進而跟著指示轉彎，繞進了路旁一條小巷子，結果一進去，就是條尋常的鄉間小道，旁邊田啊樹啊很多，犬舍卻沒看到半間，不死心又繞回招牌前抄電話號碼，直接打電話問到底在哪裡，電話那頭光聽聲音，是個中年男子，我說能不能接受採訪，他說好啊，我剛上街買東西，買完就回家了，你稍等。

老闆的家，就在犬舍的旁邊，我一進去，「迎接」我的就是鋪天蓋地而來的狂吠聲，兩隻被關在車庫籠子裡的台灣犬，更是齜牙裂嘴一副沒了籠子的阻隔，必定要把我生吞活剝的狠勁，老闆也不理牠們，大概狗吠聲對他而言就如同耳邊風吧，只說了句，牠們剛見你會緊張，幾分鐘後知道你是我帶來的就沒事了。說著就去屋裡拉了兩把椅子，我則是偷偷觀察那兩隻台灣犬，不過被我「偷偷」觀察的對象一直狠瞪著我怒吼，所以也不能算是偷偷。事後得知這兩隻都是剛生完一窩小狗的泰雅犬。牠們一黑一黃，第一眼印象，漂亮極了，毛色光亮，身上沒半點贅肉，體態相當優雅健壯，就像任何一隻野生動物般，四隻腿有力挺拔的站著，仔細瞧著牠們的眼睛，都是棕褐色，警戒的死盯著我看，配上兩隻尖尖的耳朵、像狐狸般的嘴型，一副聰明樣，雖然兩隻大狗從頭到尾散發出來的氣勢，都是要把我宰了做肉醬，但還是忍不住想稱讚牠們亮眼的外貌。

跟老闆談了幾個小時後，黃狗早已停了吠叫，見到我也直是盯著瞧，彷彿只要我沒任何「誇張」的舉止，牠就不會再發難的模樣，而另一隻黑的，仍然叫個不停（不會口渴嗎？），老闆說黑的那隻沒見過甚麼世面，比較不沉穩，黃的那隻跟他久了，常帶牠出去晃晃，所以比較懂事。我一聽就想著，看來不論是人還是狗，見點世面開拓一下視野都是必要的。

一路上許許多多的受訪者，常常都送我許多吃的喝的，又或是自己做的手工藝品，讓我驚訝的同時又萬分感謝，而這位台灣犬的伯樂——簡震緯先生，更給了我一樣珍貴的寶貝——一隻活蹦亂跳的小黑狗，我將之命名為未央，取自長樂未央的意思。未來的十幾年，我們就是彼此生命中的好夥伴了，當真沒有想到，一場短暫的旅行，竟然會讓身旁多了隻長相左右的小跟班。

珍貴的禮物——小黑狗未央。

台北淡水●大學生

那個，關於我的故事

這是最後一個寫出來的故事，但它卻是這個旅程的開端，所有故事誕生的緣起。它是最難寫的一個故事，因為這是一個屬於我的故事。當局者迷啊！人總是最看不清楚自己，畢竟兩顆眼珠子再怎麼轉，也轉不到看得見自己全貌的地方，總得透過一面薄鏡瞧上老半天。但我還是希望，透過這趟自我追尋的出走，透過認識這麼多人的人生與他們的想法，能夠讓我從中發現一個，有著更清楚輪廓、更清晰容顏的我，那個或許有些改變的我。

旅程告一段落後，我穿著一身似乎越洗越不乾淨的衣服、加上已經彈性疲乏的神經，回到了家門口，除了一種感動到快哭了的感覺，似乎也依稀看到了，一個半月前，那個正要出門、屬於曾經的我的身影。偏頭想了想，莫非是太累了產生幻覺嗎？似乎也不是，過了一段時間，我這才發現，原來，原來，那是最終我遇見的自己。生命的旅程似乎是要拋棄了自我，才有可能找到一個更加完整的自我，重新認識自己。而那個身影，或許只是自己過度期待，才出現的似曾相識影子，或許不是。但不論如何，我相信在那個當下，的確是驚鴻一瞥的瞄到了過去的那個我，整體而言，看起來不太開心。

我問她，你是在臭臉個甚麼勁？她沒理我，照樣那副全天下人都給她倒會的萬年冰山模樣，我心裡有點火大，但畢竟全天下最懂她的，大概就是我，於是我開始從她小時候想起，想找出一個，她臉為甚麼會那麼臭的理由。

屏東出生的她，因為實在太愛哭，所以阿公阿嬤帶了一個月就宣告放棄，丟回台北給她親生的老爸老媽養，也就這麼被慢慢養大了。據她媽媽說，她是個觀察力特別敏銳的小孩，一條短短幾公尺的親山步道可以走上一整天，東摸摸那邊的蟲蟲魚魚、西看看那邊的花花草草，就可以開心的不得了，除此之外，還是個特別善良的小孩，看到人家把毛毛蟲踩死，居然也可以哭上老半天。平常在家裡的娛樂，是拿著一本書對著她所有的動物玩偶說故事；或是重覆聽著、不知道已經重播第幾遍的西遊記錄音帶，因為對所有對白都瞭若指掌，還可以跟著錄音帶裡面的角色同步念台詞。

隨著升上了國中，她的世界有了很大的改變，多了一些叫做「補習班、棍子、壓力、競爭」的東西，當然，她打小最厭惡的數學，自然也不會缺席。她讀的國中，雖然有一排青翠的小葉欖仁當掩護，但那高聳的圍牆，在開學第一天就給她留下了「天啊這裡是監獄嗎」的壞印象，而之後在這裡整整三年的生活，她也從不諱言，真像是囚犯坐監牢。讓她不快樂的，不單只是與班上所有人的格格不入，還有那種令人窒息的讀書壓力，以及從頭到腳，絲毫沒有半分自由的服裝儀容。雖然從小就是一個乖乖牌，但她的骨子裡卻最討厭別人管東管西，那些事情別人不說她還是會做，但別人要是一直說，她就會全身叛逆基因都被撩撥起來，非跟你唱反調不可。在那樣的環境裡頭，所謂讀書，就是考試卷上一個血淋淋的成績，沒有學習的喜悅，沒有獲得新知的快樂，因為讀書的目的，就是要為了贏過其他人，她的個性也有些變了，相較於小時候，冷漠孤僻得多。

也幸好她考上的高中，不是甚麼明星學校，而

是一所她從教室走到垃圾場倒個垃圾，就要花上最快三十分鐘的學校，光這個數字就可知這所學校有多大，而且大的特別讓人舒服，周遭是一望無際的關渡平原，有時還可以看見地平線上火紅的夕陽，而流到學校裡的灌溉溝渠，甚至有鰻魚悠游其中。這裡的學生，從不會傻到跳牆翹課，因為跳牆出去後，還要先和漫長的田間小徑（其中有許多爛泥巴陷阱）奮戰快一個小時，才會走到大馬路上。對她而言，這裡的一切，都是最適合她個性的學習環境：沒甚麼讀書壓力，老師從不會拿著成績單對學生碎碎念；同學們為了社團，為了練球，為了一些看來遠比讀書還重要的事情嘔心瀝血；就算把頭髮染成了七色彩虹，教官也是睜一隻眼閉一隻眼。太自由了，那是一所改變她一切價值觀、一切人生方向、一切生命本質的學校，沒有外來壓力的地方，是她最喜歡的學習環境，因為光她會給自己的壓力，就已經夠多了。

在那所沒人管的學校，因為天生就對社團對練球對奇裝異服沒甚麼興趣，於是她聽從本心、心無旁騖的念了三年書，過了三年特別開心的求學生活，高三推甄大學時上了台師大，就這麼去念了，因為想當老師。而她的大學生活，過得毫無疑問比高三考大學那一年還認真，拿教育學程資格、拿雙主修資格、參加校外比賽、去補習班打工、到研究室裡幫忙、還要年年拚第一拿書卷獎，直到大三那年的三月左右，她終於彈性疲乏了，其實也沒發生甚麼打擊到她的事情，但就是突然之間，莫名其妙的覺得，她累了。

而我在二〇一二年八九月出走一個半月回家後，於家門口看到的那個不太開心的她，就是大三寒假，約二〇一二年三月前後時她的模樣，那股萬年冰山的氣息，凍結了好幾個月都沒消退。

這裡有一段，她寫於二〇一二年二月二十七號的文字，我把其中一些激烈到，光看都有些害羞的字眼刪掉了，這段文字如下：

我覺得我似乎在這個當下進入了一個谷底，到底我是怎麼到這裡的？跌進來的？走進來的？不是很記得了，心情突然就變成這副德性，對日常生活中的一切都提不起興致，不論是看書、做報告、寫計畫、聽音樂、看漫畫，都覺得乏味極了，完全不想做任何事情，我知道我要做的事情很多，但就是不想做，躺在床上發呆也好，但沒事做同樣也是令人發瘋的狀態。

我知道自己喜歡些甚麼，但喜歡的感覺，好像不是一種固定不變的東西，過去可以帶給我快樂的東西，現在就是不想去碰，好像身處在這種環境下太久了，想逃到另一個自己也不知道是哪裡的地方。應該是心態的問題吧，畢竟我都玩了大半個寒假了，還是找不回那種充滿活力、對世界上所有事物都抱持著好奇心、發自內心的期待感覺。我好想逃離現在一成不變的生活，逃到隨便一個不知道是哪裡的地方，直到我滿意高興為止，我想從中找到一個答案，一個不知道是甚麼的答案，但它會讓我感到篤定、充滿確定踏實的感覺。但事實上，我仍然困在這裡，做一些自己也不知道在幹嘛的事，當然我心裡清楚，現在做的事是為了以後能達成我的夢想，但我已經努力那麼久了，怎麼時間過得這麼慢？好像一直在原地踏步，離夢想好遠好遠。我不喜歡一成不變，原先每天去學校聽課的生活，確實從來不會讓我覺得都一樣，但現在，就是現在，就是覺得無聊到好想課上到一半就奪門而出的程度，總是看著課堂外，就在我旁邊、那些在樹上跳躍的小鳥發呆，盼望著自己也能如牠們一般的自由。喔！我好想要逃離現在的生活啊，想出去看看這個天大地大的世界，而不是天天都搭著捷運來來回回學校家裡。

寒假就算休息的再久，只要知道自己仍是在軌道當中，心情就一直無法改變，脫離軌道的勇氣大概天生沒長在我身上，我總是害怕考不上老師的資格，總是害怕比不上別人，也就造成了自己成天坐在軌道上，向外張望卻不敢有所動作的處境，永遠都只能羨慕那些想怎樣就怎樣的人，他們個個都擁有我沒有的自由之心，終究我只是一隻夢想有老鷹大器量、大氣度的小心眼麻雀而已。我想要找到我自己，誰來告訴我，我在哪裡？

其實她就是曾經的我，現在對當時的感覺已經沒有太深的印象，只記得那時好像快沒空氣了。從小到大，我從來沒有主動寫過任何關於記錄心情的文字，那時竟然會因為太過絕望，而有股衝動想把心中翻來滾去的所有想法寫下來，讓悶在心頭的情緒能暫時有一個出口，想來也真是不可思議。因為想法相當混亂煩躁，讓這一段文字，毫無脈絡可言，完全是想到甚麼就寫甚麼，亂糟糟的像一團解不開的線。在這段文字的最後，我寫了如下的一段做為結尾：

旅行是甚麼呢？我覺得真正的旅行，是自己一個人的對話時間，是自我反省的過程，是知道我是誰、認識我自己的道路。可是長到了二十一歲，我好像從來沒做過這樣子的旅行，所以，在這裡，我下了一個和自己的約定，下次的出走，我要自己一個人去。

在四個月的反覆思量之下，我居然實踐了對自己的諾言，真的踏上了一個人的旅程，也重新找到了那個，曾經消失不見了的自我，或許，這就是一場屬於我自己的成功小革命吧。我在家門口看到的那個「她」，是我害怕成為的原型，雖然，她是一個曾經的我，但我有把握，自己在未來絕對不會再成為她，因為我已經知道了，她那副死樣子是怎麼造成的，而在這趟出走中，我找到的，就是一些讓我再也不會成為她的珍貴禮物。

環走島嶼 遇見你

環走島嶼 遇見你

〈出走備忘錄〉

一個人環島的出發準備與行程

一、行前規劃

有人喜歡著名的風景名勝、有人喜歡私房的祕密景點；有人沒去當地咖啡店吃個下午茶就不像出去玩、有人沒嚐到在地的小吃就覺得不甘心。我的旅行完全沒有這些規劃。為了讓當時覺得生活無趣的我開開眼界，我的旅行只想出去瞧瞧，其他和我同住在台灣島上的人們，他們過的是怎樣的生活？平常又想些甚麼？對於未來有些甚麼夢想？

為了幫別人寫自傳上路

平常的旅遊總覺得挺表面的，看不到深刻的內涵，而且光用眼睛，大概也看不出個甚麼名堂，可能需要聽聽我所看到的人說說自己才行。但是，誰會跟一個素昧平生的人，交代自己的祖宗八代或內心的想法呢？我想了想，如果今天有個陌生人，打著幫台灣市井小民寫自傳的名義，請我把人生故事告訴他，我會不會把自己的生命剖開來任他宰割？我想，如果真有人這樣跟我說，我是願意的，因為這個構想很有趣，而且最後也證明，我的想法沒錯，這一路走下來幾乎沒吃過閉門羹，有問就有收穫，或許，這也要感謝台灣人天生好客熱誠的個性吧。

當然，要幫別人寫自傳，也要有把握寫得好，而且寫得令當事人滿意才行。因此，事前我做了許多功課，至於這些功課是甚麼，其實也沒甚麼硬性的規定，大概就是多讀一些書，幫自己培養一些文學氣質吧。當中，我特別讀了有助自己提高觀察力、敏感度的書籍，從建築、空間觀察、地理、歷史學術書，到小說、散文集通通都有，類型很雜，但它們基本上殊途同歸，我希望從中攝取到，作者如何描述、建構出一個與他們親眼所見類似的文字空間的；又如何用文字將一個人的外型、脾氣歷歷在目、活靈活現的闡釋出來；還有他們的敘事手法如何，怎樣才能不枯燥乏味，能引人入勝等等的問題。而當我從這些書找到想要的答案後，因為怕自己會忘記，就用電腦打成專屬於我的一本「選文集」，大約三十幾頁吧！打包行李時，就將之塞到包包裡，在旅行途中無聊時、或是江郎才盡時，就拿出來翻翻，跟萬靈丹一樣，馬上就會有想法湧出來。如果沒有數個月的持續密集閱讀書籍、以及從中整理而出的這本名言佳句選文集，我認為，自己是寫不出來這本書的。

從自籌旅費開始

旅行就算再怎麼省，還是會花到錢，因此除了行程中精打細算外，最重要得先賺一筆基金。平日有打工的我，還不成問題。出發前，也就是暑假開始前，我意外接到一通電話，要我接下農委會舉辦的大專生農村洄游競賽雲林團隊的小隊輔一職。前一年我曾參加這個競賽，對之印象不錯，能夠受邀自是榮幸，有錢賺自然更有吸引力，但若參加了勢必會讓我環島的計畫有所更動，不過想想影響其實也不大，不過就是出發點由台北改到由雲林而已，於是我便欣然接受了。事後想想，除了薪水幫我的旅程加了不少飯菜錢，跟著小隊夥伴們一起在雲林駐村幾天，透過他們的眼睛看到的東西更是難得的收穫。因此，我的環島行程，就改為由雲林出發往南走，到東部再北上，來到台北金山後，便直接南下台中參加水保局舉辦的記者會，之後在台中彰化南投一帶待了一陣，再一路北返，完成環島一圈。

用便宜的大背包打包行李

行李打包方面，我去夜市買了一個超大容量的背包，把一個半月要用的家當全塞進去。當時還特別買了有防雨套的，因為包包太大沒雨傘遮得住，而且用便宜的就好了，記得那個包包一千五，還被我們家的人合力殺到九百，因為旅行的過程中，你不會有機會善待它，常常亂丟在地上、摔來摔去、風吹日曬雨淋，買太貴的會心疼。至於換洗衣物方面，我準備了三套衣物，而且一定要挑那種晾一個晚上就會乾的，不然天天拔營，衣服沒乾實在很煩，但千算萬算就沒想到，內衣褲實在也應該買快乾的，導致每天早上都拿著吹風機對著內衣褲吹。

還要準備洗衣服要用的東西，強烈建議一定要有水晶肥皂（就是咖啡色、很古早味阿嬤超愛用的那種）、衣架（不然衣服晾哪）、刷子（不然衣服會越洗越髒）、小水盆。這個小水盆一定要詳細說明一下，因為便宜的住宿點，洗手槽基本上都很勁爆，我衣服就算一個月沒洗，應該都比那些水槽乾淨，準備一個小水盆，洗衣服真的會方便很多，而平常這個小盆呢，就挖個洞串條繩子，直接掛在背包的後面，雖然走路時會晃來晃去，吸引眾人關注的目光，但你管他們呢。

除了以上這些東西，我覺得一定要帶的還有吹風機（便宜的住宿點不會提供）、夾腳拖鞋（不帶一定會後悔，根據我所住過的地方，不論浴室房間的地板，我相信沒人想赤腳踩在上面）、浴巾浴帽、地圖集（當然如果你很高科技，直接就用手機查就行了）、帽子（最好要像游擊隊民兵有蒙面的那種）、水壺之類的也要帶，另外，我自己還有帶一條棉被，因為我有輕微會認床的公主病，既然無法帶著自家的床跑，那帶條棉被還是可以稍微補救一下的。

環走島嶼 遇見你
精確坐標
GPS地圖
上河文化
OLYMPUS
OLYMPUS
BERYL

環走島嶼 遇見你
TURBO Baby
達新牌
ET-1
Ph7
essence of aloe
Mister Donut

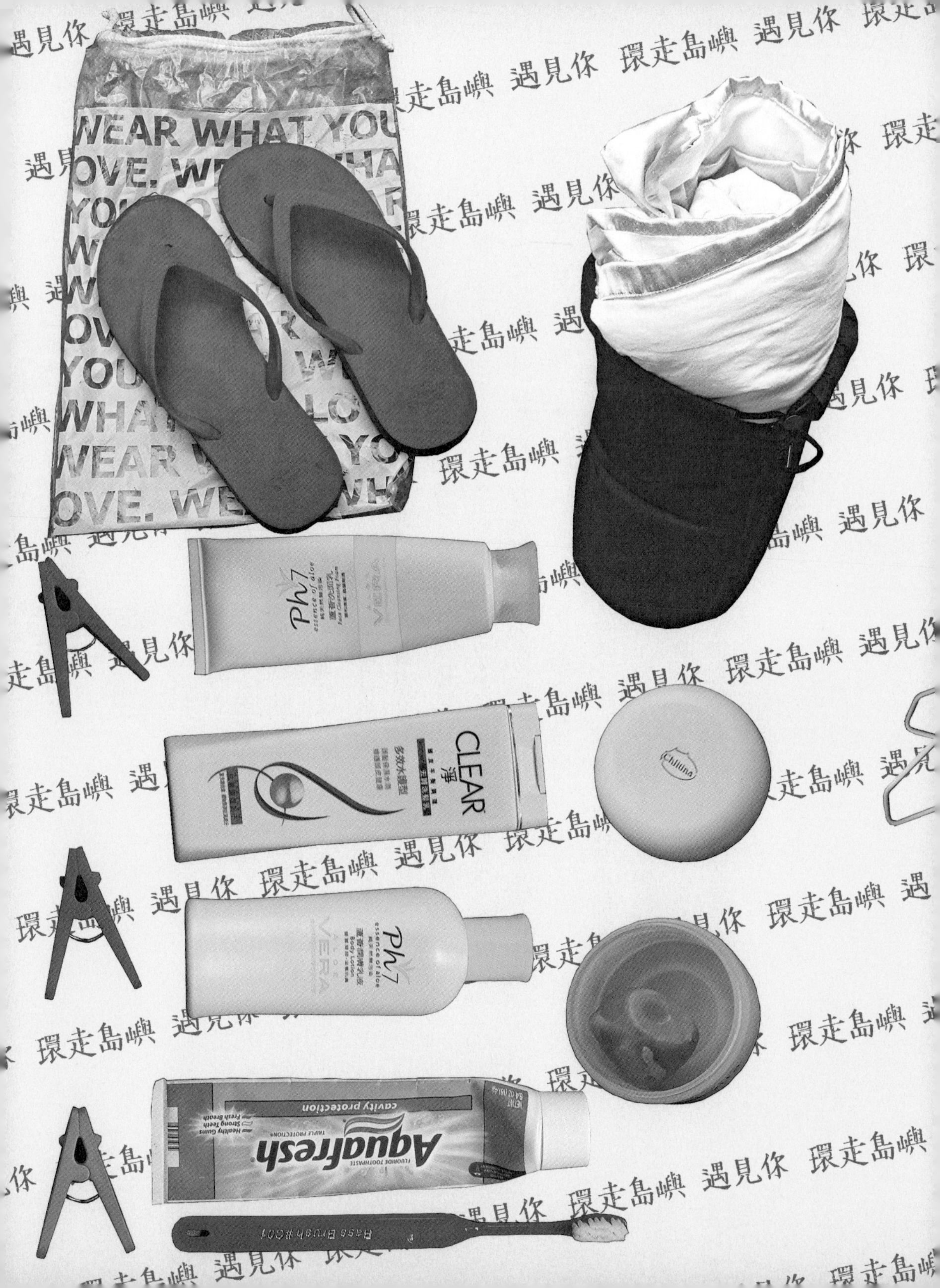
環走島嶼 遇見你
WEAR WHAT YOU LOVE.
CLEAR
淨
VERA
Aquafresh
cavity protection

隨遇而安的食宿交通

至於食宿交通部分，吃的方面，我沒做任何功課，畢竟台灣要找到一個地方沒吃的還真有些困難。有關交通方面，行前我也沒做任何規劃，都是到了當地再問人，至於要問哪些人？我推薦公車司機、民宿老闆、車掌小姐等，尤其是一些跑不熱門路線的公車或客運司機（因為他們都很閒），我記得在嘉義時，有次搭了一個多小時的客運，車上都只有我和司機，這就是把握機會問東問西的時候啦，而這位司機也告訴我許多有用的訊息。

住宿方面，其實網路上的資料相當多，當時我僅花了兩三個晚上，瀏覽了幾個論壇、私人的部落格，就蒐集到了全台灣近百家三四百塊一天的香客大樓、背包客民宿資訊，而因為也不知道之後會住到哪家，就乾脆將全部住宿的電話、地址用複製貼上（全世界最偉大的發明）的方式，整理成十幾二十頁雜亂無章的冊子，等我有需要時再慢慢挑。

有趣的是，不少住宿點都是通鋪或是多人一間（每人一床）的形式，因此會遇到許多素昧平生的人，這些通常以苦行僧模式出來旅遊的背包客，有許多人見到我這本亂哄哄的住宿大全，居然還跑去便利商店將它全本影印下來，當成是寶貝一樣，我說那些網路上全都有，只要打入關鍵字就找得到了（如便宜住宿、廟住宿、背包客民宿之類），他們也當沒聽到照樣去印。

再偷偷告訴大家一個資訊，雖然我蒐集到的這些住宿點，本身就已經夠便宜的了，但如果你多住個幾天、或有本事博得老闆的歡心，價格還可以更低喔！而我覺得搜尋住宿資訊的過程，其實相當有趣，而且自己蒐集印象也比較深刻嘛，在這裡我就不把當時找到的住宿大全給大家見笑了（其實是太亂了，不好意思供大家欣賞），只提供兩個我認為最好用的網站給大家，資訊全都在裡頭囉。

943的窮學生超省錢旅行祕笈http://blog.xuite.net/iq943/ez37

背包客棧http://www.backpackers.com.tw/forum/index.php

二、獨自一人旅行時，要注意的事項

開始旅程之前，除了幾個親近的人，幾乎沒人知道我要自己去環島，因為大概又會有一大堆的反對聲浪出現吧，而其中最讓我不甘心的一句，大概就是「如果你是男生，那就行，但你是個女的，所以不可以」，這到底是甚麼道理我至今還沒有弄明白，難道是女生的智力就比較低，不懂得判斷情況、不懂得避開危險嗎？我承認先天的力氣和體力上，就算經過訓練，還是會略遜男性一籌，但腦子的內容物可跟這些無關。

出門在外，切記人多的地方永遠比沒人的地方危險。別看鄉下晚上七八點時，除了路燈一片漆黑，好像隨時都會有鬼現身，但大自然可不會害人，沒人反而是最安全的，只要你別跌到水溝田埂裡就好；反觀城市，就算凌晨一二點，仍舊燈火通明、人聲鼎沸，但其實是最恐怖的，因為那些人是怎樣的人，你可沒把握。

因此，多多觀察、學會察顏觀色，如果要問路，別問單獨一人的陌生人，最好問有同伴，而且是同伴之間看起來像是親人的那種。晚上八九點以後就別出去閒晃，最好養成早睡早起的習慣，清晨四五點的散步，不但空氣清新，而且遠比夜間安全許多。除此之外，別穿著全身戶外旅遊、登山用品社買來的名牌衣物，光鮮亮麗的模樣，絕對是變成標靶的第一步。試著穿的可以「融入在地」，以我來說，我不常背著那個放家當的背包四處走（太誇張了，而且很重），而是拿著一個購物袋裝上要用的物品、隨便一件排汗衫、長褲、拖鞋就可以出門，切記，就算這樣穿，也不要穿的像是個都市雅痞，而是真正的融入地方，成為在地人日常生活場景的一部分，一點兒也不突兀的背景人物。

當然，不同的情況有不同的判斷方式，最重要的還是訓練自己的觀察能力，還有累積經驗。記得當我走到台灣的東部時，除了第一天住在鹿野，其餘的四、五天，都住在池上，因為那家民宿的老闆說，我住越多天，他算我越便宜，那是家離池上火車站無敵遠、名符其實地處「田中央」的民居，因此住宿費用頗低。

第一天到池上，尋找這間民宿的芳蹤時，背著那十幾斤重的大包包，宛如行軍般在烈陽下步行，差點沒骨折送醫，幸好在快要壯烈成仁之時，有位騎車經過的好心老阿伯在被我攔下問路後，二話不說叫我上機車後座，他要載我去。當下我確實有點不敢上車，心想如果你把我載去賣了怎麼辦啊，但兩相權衡之下（剛剛看到他送小孫子回家，應該沒問題吧），還是坐上了機車後座，邊坐邊想，如果等下哪裡怪怪的就立馬跳車，反正頂多就是跌到田裡。不過我運氣好遇到一位好人，直接把我運到一間，雖然地址無誤，但根本看不出來是民宿的民宿門口，而這民宿是一個小家庭經營的，如果是單身男子開的，我恐怕也會當場打哈哈說記錯地址了。

總之，因為我住的地方離火車站超遠，然後東部的火車車班又少，錯過了就得再等一兩個小時以上，因此我每天都在追火車，除此之外，台灣東部的土地地廣人稀，若靠雙腿步行整天就只會看到田，所以也得考慮代步工具，它是個比錢包還重要的物件（因為不一定有地方給你消費）。

三、跟陌生人講話很怪？

出外旅行，問路、問相關資訊時一定會與他人產生溝通對話的狀況，除此之外，因為我又想要訪談陌生人，不論「質」與「量」，也就是對話的深度以及講話對象的數量，都大大的提升，但基本上兩者大同小異，有禮貌、面帶笑容、講話挑好聽的說、問隱私時要有技巧，都是必要的功夫。至於我的訪談流程常因人而異，基本上視受訪者的個性而定，生性外向活潑者，我只要拋出一個很廣泛的問題：能把人生故事、經歷和夢想告訴我嗎？對方就會劈哩啪啦講個四五個小時都停不下來；若生性比較矜持的，就需要更多的引導，問一些他只需要回答「是」或「不是」的具體問題，通常數分鐘後，他如果覺得你的敘述通盤不符時，就會開始開金口糾正，這時候就可以放手讓受訪者自行敘述啦。

這一路上的訪談，我不是沒碰過溝通困難造成的訪問難題，基本上，普通北京官話大致上都能通，但究竟能「通」多少就有待商榷，尤其當受訪者講到興致高昂時，語言都會自動切換回他最熟悉的那一種，若是閩南語勉強還行，但若是原住民語、客家話我就只能表面上傻笑應和，但骨子裡根本有聽沒有懂了。以閩南語為例，雖然我是閩南人，但從小最愛和阿嬤唱反調，她硬是要我說台語，我偏不要說，導致長大後台語說的極爛，「聽」方面大致上沒問題，不過遇上連續劇那種太艱深的，就沒辦法完全聽懂，「說」的方面就真的是上不了檯面，發音極度不標準，我記得，有個訪談者在霹哩啪啦講完一串閩南話之後，看了我一眼問，你聽得懂台語嗎？為了自尊，我說聽得懂，不過只聽懂大概一半，這句話就沒說出口，結果他說，我看我講台語時你的反應比較慢，看來是聽不太懂吧？啊哈哈……我只能打混過去。

又有一回，一位其實骨子裡閩南、客家、北京話全精通的阿公（我一開始怎麼會知道），在我用破爛的閩南語跟他溝通老半天之後，直接用超標準的北京話說，妹妹你還是說你最擅長的國語吧！你的台語我聽了很痛苦啊！儘管有這些語言上的小小「障礙」，不過一路上訪談下來，仍然會發現語言只是其中一種溝通的方式而已，比手畫腳、寫字畫圖、臉部表情都是互動的媒介，都是可以傳遞情感的載體，只要心懷善意，陌生人很快就會感受到，進而與你產生互動的。

四、萬事皆備，只欠東風

雖然我構思整個旅程的時間，長達五個多月，但真到了要開始履行、將計畫付諸實行之時，心裡還是有點害怕，而且很懶得動，一想到之後一個多月，天天都要自己又搓又揉的洗衣服、自己張羅食物、天天居無定所，就很不想步出家門。

還記得當初我是怎麼說服自己走出家門的，我是個死不服輸的人，如果心裡有把握自己能將某件事情做好，最後卻沒有達成時，通常都會氣到內出血腦中風，而這件事情計畫了這麼久，卻在臨門一腳之際，不去實現，我大概一輩子不會原諒自己吧！加上老爸老媽一再唱衰我的計畫，說甚麼你這麼懶，大概又只是說說而已、出去不出一個禮拜後，就會受不了跑回家了吧……諸如此類，所以那時我在心裡發誓，自己絕對不會只是說說而已，而且絕不會半途而廢跑回家避難！除此，旅途中遇到的人們，包括許多本書中的受訪者，也不斷的懷疑這個計劃能否真的實現，我除了要努力說服他們之外，也要時時替自己打強心針，在這整個自我辯證的過程，我覺得最重要的、一路上支持我的，就是堅毅的意志力。

萬事皆備，只欠東風，我認為「東風」就是堅定不移的意志，如果缺乏不成功便成仁的決心，做甚麼事情都注定會失敗，只要有了這個核心精神，不論別人說些甚麼，那怕是冷嘲熱諷也好，都是你繼續堅持下去的動力。

老師的話

可意會可言傳的好故事

許孝誠
（台北市立中正高中教師）

聽故事，不是專屬孩童的特權，是每個人跨越時空、感受生命的經驗。任何情境都有合適的故事，任何人事物都能組裝成動人的篇章。今天講故事的人是一位二十一歲的年輕女孩，她嘗試用孩子般的敏銳和人文研究者的多情，將單人自助旅行所見所聞，採擷成二十五個台灣風情典型，用少少的文字摹寫台灣基層運作的無名英雄、英雌，從社會新鮮人角度看人際互動、看人生遭遇，在展書這一刻，我是最忠實聽故事的人，最享受台灣平凡和不凡的人。

瑜萱這個孩子，高中時期就已經展露不俗個人特質，她屬於班上喜歡閱讀課外讀物的一群。正如書中不願宣揚的孝行獎故事，瑜萱曾是全校作文比賽冠軍，她犀利的言詞、柔軟的筆觸很令人難忘，她有很高的耐力和組織力，在這本書中屢見不鮮，身為她的老師，我以有此高徒為榮。在獲知出版訊息的同時，個人腦海又浮現當年最常勉勵導師班學生的一句話：「狂者，進取」。

《環走島嶼遇見你——21歲女孩的草根見學記》這本書，是一個大學生勇敢開口、主動挖掘、貼近土地的赤誠真心之作，有活生生的對話口白，有酸甜苦辣的行旅經歷，每一則故事主人翁的理想與實踐在在反映台灣社會的傳承及價值。雖然大家都說，「社會」這門課需要親自去體驗，但「人情」這檔事在瑜萱書中不僅可以意會也可以言傳，草根見學記本身就是很棒的故事。

老師的話

看見別人，找到自己

廖學誠
（國立台灣師範大學地理系教授）

台灣的生態環境豐富、人文景觀多元，尤其是台灣的人民熱情溫暖，到處充滿了生命力，在這燦爛的生命力背後，藏有著許多動人的故事。本書作者瑜萱具備地理空間的專業素養，更有地理人的實察精神，走過山巔、踏進海邊，透過深度訪談與實地觀察，一一記錄書中二十五位主角的成長經驗與動人故事，經由作者流暢的筆觸、細緻的鋪陳，讓這些散落在台灣各角落的燦爛生命力具體而微地呈現在我們的眼前。書中記錄的人物其職業相當多元，包括農民、漁夫、匠師、商人、公務員、牧師及老兵等等，從書中內容可以看出，這些各行各業的小人物，在他們工作崗位上的堅持與投入，也因為有這些小人物的努力不懈，才讓今日的台灣更加美麗。

這本書除了記錄部分的台灣百姓圖像外，更重要的是呈現作者的生命探索之旅。在文中作者提到：「旅行是甚麼呢？我覺得真正的旅行，是自己一個人的對話時間，是自我反省的過程，是知道我是誰、認識我自己的道路。」這趟環島之旅也可以說是作者的人生追尋，透過對別人生命經驗的瞭解，來反觀自己、回顧自己，只為了追尋一個答案——「我是誰？」

猶記得二〇一二年九月暑假過後，我在校園裡遇到瑜萱，她告訴我，她剛花了一個多月的時間獨自完成環島旅行，我以不敢置信的眼光看著她，細細打量她曬黑的臉龐以及疲憊的身軀，她接著告訴我，這趟旅程讓她相當感動，她想要將她所遇到的人，他們美麗的生命故事記錄下來，並集結成書出版。結果瑜萱真的做到了，不僅完成21歲女孩的夢想，為大學生涯作下最好的註解，相信也更加認識到——「我是誰！」。

愛觀察的孩子長大了

黃永美
（新北市立竹圍國小老師　瑜萱媽媽）

當瑜萱大三時，有天告訴我，她想利用暑假走台灣一圈。我心想，是因為最近流行背包客嗎？而且她還得參加水保局的活動，哪來的時間？沒想到她果真背起背包，掛上臉盆出發了！爸爸預估她可能兩天就打道回府，媽媽卻覺得她的確需要走出去磨練磨練、增加自己的膽識，而在那一個半月中，晚上我們全家最期待的事，就是聽瑜萱打電話回來敘述今天發生的趣味事。

從小，瑜萱就是一個愛觀察的孩子。一兩歲在陽明山國家公園濃密潮溼的樹林下，短短的一百公尺，會走上半天，邊走邊和昆蟲互動是她最大的樂趣，三歲上幼稚園時還曾因同學一腳踩死毛毛蟲而號啕大哭。而住家附近的小山上、田埂、小溝渠更是她寫完功課後的最佳休閒去處，常常抓螃蟹、蝌蚪、蝦子回家養個幾天以滿足觀察的慾望，結果總是把廁所堆得滿地全是飼養箱，把青蛙、癩蛤蟆放養在自家花園裡同樣是家常便飯。有時在後院的洗衣間發現蛇，全家嚇得半死，瑜萱卻覺得牠好可愛，還對著家人精神講話說：蛇是無辜的，不可以殺牠！其實是因為我們驚擾了牠，才會讓蛇為了保護自己而有攻擊的動作；其實是我們說牠恐怖，牠才會可怕！

升上國中後的瑜萱個性變了許多，變得不怎麼愛笑了，課業上數學更是爛到爆，學到哭，不過我和她爸總是給她最大的自由，不論任何情況，我們都支持她。爸爸為了讓她安心，總是對著她說：爸爸會到補習班接妳，下課了有問題就留下來問老師，不管多晚都沒關係，最高記錄到晚上十一點才問完不會的題目，爸爸在外面餵蚊子等她從來不抱怨。或許也因為有這樣的支持，不論是數學或是其他人生大小事，她從來不輕言放棄。

諸如此類的生活細項，爸爸是瑜萱行動上的配合者，媽媽則是精神上的鼓舞者。爸媽對瑜萱的各項學習給予多元性的包容，尊重她的決定，並給予支持，瑜萱就是這樣長大的。

Taiwan Style 20

環走島嶼遇見你
——21歲女孩的草根見學記

作者／戴瑜萱

總編輯／黃靜宜
主編／黃靜宜・陳淑華
編務行政統籌／張詩薇
美術設計／黃子欽
編輯協力／高竹馨
企劃／叢昌瑜、葉玫玉

發行人／王榮文
出版發行／遠流出版事業股份有限公司
地址：台北市100南昌路二段81號6樓
電話：（02）2392-6899
傳真：（02）2392-6658
郵政劃撥：0189456-1
著作權顧問／蕭雄淋律師
法律顧問／董安丹律師
輸出印刷／中原造像股份有限公司
2013年4月1日 初版一刷
行政院新聞局局版臺業字第1295號
定價 320 元

ISBN 978-957-32-7173-4
YLib遠流博識網
http://www.ylib.com E-mail: ylib@ylib.com

國家圖書館出版品預行編目（CIP）資料

環走島嶼遇見你 : 21歲女孩的草根見學記
/ 戴瑜萱著. -- 初版. -- 臺北市 : 遠流, 2013.04
面； 公分. -- (Taiwan style ; 20)
ISBN 978-957-32-7173-4(平裝)

1.臺灣遊記 2.臺灣傳記
733.6 102004560

環走島嶼 遇見你

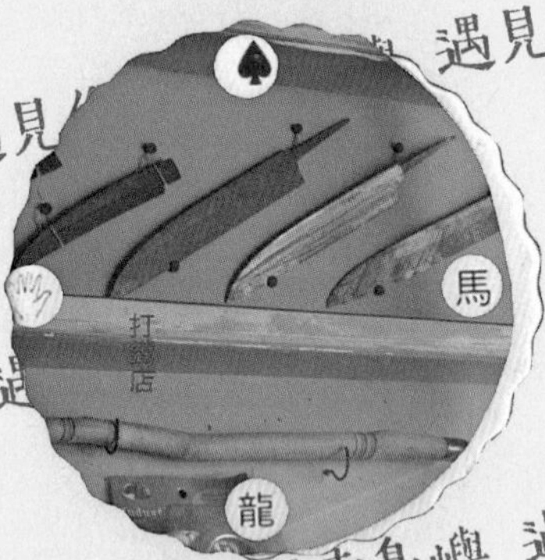

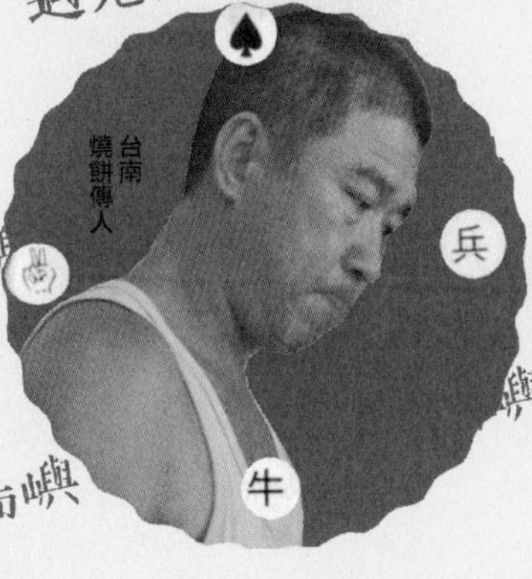

環走島嶼 遇見你

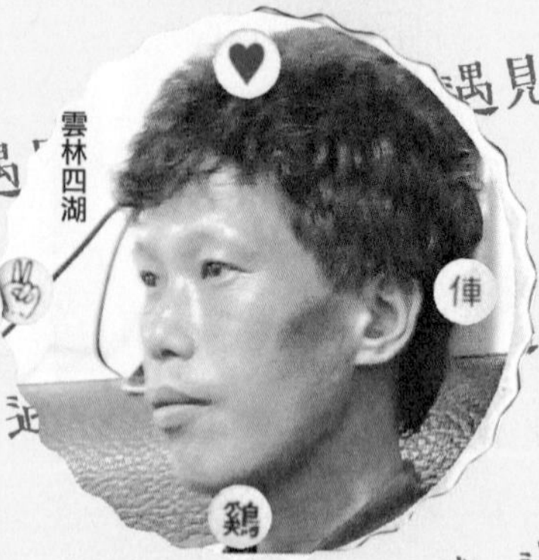